大
方
sight

万里长城在哪里

董耀会 著

中信出版集团｜北京

图书在版编目（CIP）数据

万里长城在哪里 / 董耀会著 . -- 北京：中信出版社，2023.10
ISBN 978-7-5217-5926-6

I. ①万… II. ①董… III. ①长城－历史－通俗读物 IV. ① K928.77-49

中国国家版本馆 CIP 数据核字 (2023) 第 148766 号

万里长城在哪里
著者： 董耀会
出版发行：中信出版集团股份有限公司
（北京市朝阳区东三环北路27号嘉铭中心　邮编　100020）
承印者： 北京启航东方印刷有限公司

开本：787mm×1092mm　1/16　　印张：19.75　　字数：195 千字
版次：2023 年 10 月第 1 版　　　　印次：2023 年 10 月第 1 次印刷
书号：ISBN 978-7-5217-5926-6
定价：128.00 元

版权所有·侵权必究
如有印刷、装订问题，本公司负责调换。
服务热线：400-600-8099
投稿邮箱：author@citicpub.com

前 言

万里长城的建筑气势壮观,历史悠久。长城为履行责任和使命而屹立了千百年,令后世每一个中国人深深地感到骄傲和自豪。正是两千多年来发生在长城内外的碰撞与融合,最终形成了中国这个多民族的现代国家。长城所代表之追求和平的文化和思维模式,对世代的中国人都有着巨大影响。

何为长城,为何修建长城?

我们首先需要定义一下长城是什么。历史上不同时期对长城有很多不同的称谓,比如:边墙、障塞、壕堑等。随便怎么称呼,其作用都是一样的。长城是中国古代由连续性墙体及配套的关隘、城堡、烽燧等构成体系的巨型军事防御工程,以构建农牧交错地带农耕与游牧地区之间的秩序。

连绵的墙体是长城防御体系的主体。长城墙体的对外防御性，体现在高大、陡险、连绵不绝的建筑结构上，并将关隘、敌台、城楼等建于城墙上，连接各城堡与烽燧，使其互相呼应，形成防御体系，增加防御功能。除墙体外，关隘、城堡、烽燧是长城防御体系的三大组成部分。当然，作为一个完备的纵深防御体系，长城并非从其产生即如此，而是经历了两千多年不断发展的过程。

历朝历代修建长城，都绝不是为了争取时间以积蓄力量的权宜之计。中国人讲：不谋万世者，不足谋一时；不谋全局者，不足谋一域。修建和使用长城，显然不是谋一时的权宜之计。作为以农业立国的古代王朝，严格地控制边疆安全始终至关重要。安全在任何时期都不是奢侈品，而应该是人类社会的必需品。这应该是历代修建长城，最初也是最基本的动力。长城地区不稳定，对整个社会的稳定都会产生难以想象的威胁。

修建长城的另外一个动力来自文化传统。我们的文化从来都是主张"和合"，自古以来都不主张极限使用武力，通过征服，把自己的意图强加给别人。历来的霸权文化，都是以实力来强迫别人按照自己的意志去做，强迫就是不管乐意还是不乐意都要去做。长城文化代表的是不追求征服别人，当然也不可能接受别人的征服。中国的文化更喜欢融合，汉朝和匈奴打得如此激烈，只要匈奴人诚心归汉，就会被汉朝以礼相待。匈奴的很多部落进入农耕地区，彻底融入了汉人的生活。

以人为鉴可以知得失，以史为鉴可以知兴替。现在我们所倡导的构建人类命运共同体的理念，正在逐步成为国际共识。未来的世界还会有文化差异，中国与西方国家的文化不同，能够做到共存的模式并非一定要有战争。在这方面中国早就走出了一条路，长城内外本身就是一个谁也离不开谁的共同体，形成了今天生生不息和绵延不绝的中华文化。

长城文化是不断融合的文化，早已成为中国文化根深蒂固的标志。今天中国向世界提出了文明互鉴的理念，这是来自中国文化发展的历史经验。一个不断发展的文化，就包括向外来文化学习。即便是外来文化的强势涌入，造成了一定的冲击也没有那么可怕。只要愿意用更多的时间来倾听别人的声音，最后外来文化一定会成为对中华文化发展的滋养。我们说长城是中华民族融合的纽带，讲的就是这个意义。

中国长城在哪里？

在世界范围内问，长城在哪里？外国朋友可能会回答：长城在中国。在全国范围内问，很多人可能会回答：长城在北京八达岭。如果在河北省内问，人们可能会回答：长城在山海关、金山岭、张家口。如果在甘肃省内问，人们可能会回答：长城在嘉峪关，在阳关，在玉门关。

这些回答都不能说不对。长城在哪里？长城在全国很多的地方。根据2012年6月5日国家文物局公布的长城资源调查结果，中国的长城资源分布于北京、天津、河北、山西、内蒙古、辽宁、吉林、黑龙江、山东、河南、陕西、甘肃、青海、宁夏、新疆15个省（自治区、直辖市）404个县（市、区）。各类遗存总数43 721处（座/段），其中墙体10 051段，壕堑/界壕1 764段，单体建筑29 510座，关、堡2 211座，其他遗存185处，长度21 196.18千米。

所有到过长城的朋友，无不惊叹，深感其伟大。长城在地理上分布得有多广，可能远远超出一般人的想象。中国修建长城的历史长达两千多年，不同时期的长城分布区域不同，构筑方式也不尽相同。

春秋战国长城，既包括春秋时期的长城，也包括战国时期齐、楚、燕、韩、赵、魏、秦等国修筑的长城。主要分布区域包括河北、山西、内蒙古、辽宁、山东、河南、陕西、甘肃、宁夏等省（自治区）。现存墙壕1 795段，单体建筑1 367座，关、堡160座，相关遗存33处，长度3 080.14千米。这一时期的长城，多以土石或夯土构筑为主。

秦汉长城，既包括秦代长城也包括汉代长城。汉承秦制，但在很多方面又都超越了秦制。秦代存在的时间很短，秦长城修筑和使用的时间更短，其建筑基本都为汉代所沿用，故统一列为秦汉长城。秦代将战国时期的燕、赵、秦三国在北部修建的长城连为一体并加以增修，是历史上第一条万里长城。汉代长城东起辽东，西至甘肃玉门关，主要分布区域包括河北、山西、内蒙古、辽宁、甘肃、宁夏等省（自治区），总体呈东西走向。

秦汉长城现存墙壕2 143段，单体建筑2 575座，关、堡271座，相关遗存10处，长度3 680.26千米。玉门关以西至新疆维吾尔自治区阿克苏市，连绵分布有汉代烽火台遗迹。秦汉长城以土筑、石砌为主，甘肃西部等地以芦苇、红柳、梭梭木夹砂构筑方式较常见，烽火台除黄土夯筑外，还有土坯或土块砌筑的做法。

北魏、北齐、隋、唐、五代、辽、宋、西夏等时代的不同政权均不同程度修筑过长城，或修建了具备长城特征的防御体系。其中，北朝时期的长城主要分布在京津冀晋和内蒙古自治区等地区，上述朝代的长城现存墙壕1 276段，单体建筑454座，关、堡119座。

金长城是以壕沟为防御工程主体的界壕体系，故又被称为"金界壕"，分布在今黑龙江省、河北省、内蒙古自治区。现存墙壕1 392段，单体建筑7 665座，关、堡389座，长度4 010.48千米。

早期长城在选址、形制、建造技术等方面，都对后期长城的修筑产生了影响。

今天看到保存得较好的主要是明长城，山海关、金山岭、古北口、慕田峪、八达岭、雁门关、嘉峪关等，都是明代长城。明长城保存相对完整、形制类型丰富，主要分布区域包括北京、天津、河北、山西、内蒙古、辽宁、陕西、甘肃、青海、宁夏10个省（自治区、直辖市）。其主线东起辽宁虎山，西至甘肃嘉峪关，在北京、河北、山西、辽宁、陕西、甘肃、宁夏等地还出现多处分支。现存墙壕5 209段，单体建筑17 449座，关、堡1 272座，相关遗存142

处，长度8 851.8千米。包括人工墙体的长度为6 259.6千米，壕堑的长度为359.7千米，天然山险等的长度为2 232.5千米。东部地区以石砌包砖、黄土包砖或石砌为主，西部地区则多为夯土构筑。

从地理空间看长城

本书要解决的问题，是将长城的历史放到地理空间去阐释。我是学历史地理专业的，导师侯仁之先生是这一专业的泰斗。侯先生的硕士论文写的就是明长城的马市。这篇《明代宣大山西三镇马市考》发表在《燕京学报》的1938年第23期。

长城研究真的是一个山重水复或说是山高水长的过程。从地理的视角写一本有关长城的书，是三十五年前我在北京大学地理系读书时的一个希望。所以，长期以来在这方面做了一些资料积累。三十五年后中信出版社向我约一本有关长城的书，我把想法告诉他们，便很快达成了一致。读者在这本书里可以了解长城，还可以了解长城所依托的沃野千里和山清水秀。

地理和人类生活息息相关，衣、食、住、行都与地理环境有着密切的联系。不同的地理环境生活着不同的人群，在地理环境的影响下造就了不同的族群和文化；而不同的族群和文化，又在不同的地理区域相互碰撞和交融。这样的融合是古代边疆社会发展的结果，长城相关的历史在这方面的反映很具有代表性。

长城修建在什么样的地理环境？为什么要在这样的地理空间修

建长城？在这样的地理空间的长城两边，生活着什么样的不同族群？长城内外的不同族群以什么样的经济类型生活？他们为什么会选择这样的经济类型？《万里长城在哪里》这本书将带领大家，按照地理的逻辑走进纷繁复杂的长城世界。

长城分布在15个省（自治区、直辖市），各地的地形地貌也很不一样。就是一个省之内的长城，所经地区的地形地貌也很可能不一样。长城所经过的北方，有平原、高原、山地、丘陵、戈壁等各种地形地貌，介绍这些地方的长城时也会兼顾到这方面的内容。

希望大家读了这本书，可以在更加深刻地了解历代长城的同时，还能了解长城所经过地区的地理及不同的民族和文化。

目前，全国各地的长城国家文化公园正在紧锣密鼓地建设中。北方有壮美的山河景色，东北和华北平原有长城，黄土高原有长城，沙漠戈壁里也有长城。在八达岭感受高山上长城的雄伟是很大的享受，在戈壁滩长城看美丽的落日也是极大的享受。长城国家文化公园建成之后，人们感受和了解长城及其历史文化的途径就会更多了。长城在更多的地方，等待着大家去感受和体验。

目 录

前 言   1

第一章 地理成就长城   1

第一节 中国独特的地理环境   2

第二节 长城区域的气候   6

第三节 长城弥补天然屏障的不足   14

第四节 长城的防御体系与作用   17

第二章 东北平原长城   35

第一节 战国最后的长城燕昭王长城   37

第二节 秦长城的东端   44

第三节 和亲与汉长城   49

第四节 牡丹江边墙与金长城   54

第五节 鲜为人知的辽代长城   58

第六节　改变明朝命运的辽东镇	59
第七节　纳兰性德笔下的柳条边是长城吗？	67
第八节　专栏：闯关东	71

第三章　华北平原长城　75

第一节　胡服骑射与战国赵长城	77
第二节　白登之围与秦汉长城	81
第三节　"英雄天子"所筑的北齐长城	85
第四节　那年燕云十六州	89
第五节　胜景集聚的明长城蓟镇	93
第六节　从蓟镇拓出来的三镇	105
第七节　见证土木之变的明长城宣府镇	110
第八节　专栏：张库大道	115

第四章　黄土高原长城　119

第一节　金戈铁马的战国秦长城	122
第二节　为防强秦而修的战国魏长城	126
第三节　农牧相依相融的北魏长城	129
第四节　京师藩屏之明长城大同镇	133
第五节　拱卫京师的明长城山西镇	137
第六节　农牧交错的明长城榆林镇	141
第七节　专栏：隆庆和议与马市	150

第五章　内蒙古高原长城　155

第一节　始皇长城与秦直道	157
第二节　钢笔滑落发现的居延汉长城	162

第三节	内蒙古的汉长城遗存	168
第四节	鲜卑族所修的北魏六镇长城	170
第五节	三城鼎峙的唐代受降城	173
第六节	长达万里的金夏长城	178
第七节	明长城早期防御	185
第八节	专栏：昭君出塞	187

第六章　河套平原长城　　191

第一节	塞上江南的长城遗存	194
第二节	收复河套与汉长城	197
第三节	"草率"的隋长城	201
第四节	关中屏蔽之明长城宁夏镇	204
第五节	冬防困难而修的明长城固原镇	211
第六节	专栏：不到长城非好汉	213

第七章　河西走廊长城　　215

第一节	铁马西风汉河西长城	217
第二节	居河西要冲的明长城甘肃镇	224
第三节	嘉峪关的守护者及巡检司	231
第四节	专栏：河西走廊文化的韵致	236

第八章　大戈壁上的长城　　239

第一节	新疆长城资源的根脉	242
第二节	守护丝绸之路的新疆唐代烽燧	245
第三节	青藏高原屏障和大通明长城	251
第四节	防御准噶尔建的青海清长城	255

第五节　西域大开发　　　　　257

第六节　专栏：绝无仅有的丝绸之路　260

第九章　长城与长城精神　　265

第一节　长城简史　　　　　　266

第二节　长城精神　　　　　　286

第三节　长城，人类文明的标志　290

第四节　如何理解长城的封闭性　292

后记　长城保护　　　　　　293

第一章

地理成就长城

中国古代两千多年来一直修建长城。长城的形成与中国独特的地理环境有很大的关系。这些关系是什么呢？也就是说，为什么会在中国这样的地理环境，产生万里长城这样一个线性的军事防御体系？长城为什么建在这些地方，而不是建在另外的地方？为什么建在这样的地理环境，而不是别的地理环境？这些问题是本章要回答的内容。

第一节　中国独特的地理环境

中国位于亚欧大陆的东部，是一个幅员辽阔的古国，地理环境具有相对的独立性。东边和东南为海洋所环绕；西部有帕米尔高原；西南有青藏高原和喜马拉雅山，在古代，这些都是难以逾越的屏障。只有在北部的内蒙古高原，通过广阔的草原可以使游牧民族及其政权与农耕民族产生联系。这种相对独立并几乎与外部世界隔绝的自然环境，使中国古代文明与其他国家的文明，形成各自并行发展的状态。

中国古代先民很早就认识到农牧冲突是一种持久存在的现象。

作为东亚大陆的农耕族群——华夏族能够发展强大起来，首先得益于黄河与长江流域有利于农业经济发展的地理环境。经常有外国朋友向我问起"华夏"的概念，我告诉他们，中国古代文献早就解释过这个问题，《春秋左传正义》说："夏，大也。中国有礼仪之大，故称夏；有服章之美，谓之华。华、夏一也。"

早期的华夏大地，黄河、长江中下游和华北平原有着适宜植物生长的优质环境。从全球范围来看，也只有能够出产大量粮食的地方，才能发展出世界顶级体量的人口和国家。有了强大的国家共同体为基础，才能孕育出属于这片土地的民族及其文化。

华夏族农耕经济高度发达，对中国传统文化的形成有重大影响。农耕经济的春种秋收及中间阶段的浇水、施肥、除草是一个完整、连续的过程，每年开春就要做好全年的安排。久而久之，便形成了按部就班、从大处着眼、从具体处着手的思维模式。其中也包括整体安全的考虑，没有安全的保障，一切就无从谈起。

对于华夏文明而言，在一两千年前的客观条件下很难有其他文明可以跨越地理限制，对华夏文明的主体构成威胁。公元前6世纪，横跨亚非欧三大洲的波斯帝国占领了埃及、两河流域、伊朗高原，但到了帕米尔高原，没能跨越锡尔河。公元前4世纪，马其顿国王亚历山大的远征军，占领了伊朗、印度之后也没能跨越帕米尔高原。8世纪驰骋亚非欧三大洲的阿拉伯帝国，也止步于帕米尔高原，没有威胁到华夏文明。

西方各大帝国从西向东发展时，均未对华夏文明构成威胁。这是因为受自身实力和当时技术条件等方面的影响，他们没能跨越中国西北到西南的各种自然环境构成的天然地理屏障。在这样的地理环境下，中华民族得以发展成为"薪火相传，生生不息"、具有强大生命力的多民族共同体。

相对独立的地理环境决定了中国古代农业社会在经济、政治和文化上的相对稳定。农耕经济及其文化，对长城外的各民族有着很强的吸引力，并形成了不同时期周边不同民族向中原内聚的现象。正是以诚相待的内聚力，才使中华文明得以不断发展。

在中国特殊的地理位置中，有一块温度与湿度均适宜农耕的区域，即中原地区。这是古代华夏族的发源地，古人认为，这片土地是天下的中心。文化比较先进的华夏族将这块地方称为"中国"，以有别于"四夷"。

华北平原、黄土高原之北联通大漠南北，则没有难以逾越的天然屏障。所以，最可能对农耕地区造成威胁的是北方游牧势力。因此，古代中原王朝只好借助较为利于防守的自然环境修建长城，来加强对游牧军队的防御。

在世界发展史上，中国内地农业区的面积和粮食产量长期处于领先地位，供养着数量最多的人口。在相对独立的地理环境下，农耕经济在其发展过程中，长时间受长城的保护得到持续发展，文化也因此具有了较好的持续性。传统农业的持续发展，保证了中华文明的绵延不断，使其具有极大的凝聚力。

欧洲则没有中国这样漫长的农牧交界地区。欧洲只有在罗马统

明长城（杨东 摄）

一时期修建过长城，此后为什么再也没有大规模修建长城？因为罗马帝国灭亡之后，欧洲走向了四分五裂。中国历史上统一是常态，分裂则是非常态。欧洲历史上分裂是常态，统一则是非常态。现在欧洲超过一半的白人，都是罗马帝国的后裔。即便如此，他们今天想实现欧洲一体化，费尽了九牛二虎之力也依然是在路上，看起来像是还需要进行相当漫长的跋涉。

第二节　长城区域的气候

长城区域的气候与农牧经济

纵观中国地理，中国是世界上地理环境最复杂的国家。北方有冰雪世界，南方有热带雨林，东部有海洋奇观，西部有戈壁大漠。长城基本分布在中国的北方。这里说的北方是广义的北方，包括从东北、华北到西北都修建有长城的区域。

长城修建所在的区域，主要位于东经70°～东经135°、北纬40°～42°。历朝历代修建的长城，主要在这个区域的南北摆动。喜马拉雅造山运动后，形成了东亚季风环流体系，东部季风区向湿润发展，蒙新高原区向干旱发展，青藏高原区向高寒干旱发展。长城沿线一系列的高山：长白山、大兴安岭、阴山、太行山等，都属于东北—西南走向的山脉，这些山脉阻挡住夏季暖湿的东南季风向内陆流动，使这些山脉的西北部降水大幅度减少。

长城所在的华北和东北地区属于温带季风气候，特点是夏季高温多雨，冬季寒冷干燥。这两大平原的土壤条件很好，特别是肥沃的东北黑土地是世界四大黑土区之一，是发展农业种植的有利条件。温度与湿度都会影响到农业产量，而且越是在高纬度地区，气候变化对农业产量的影响越明显。相对来说，东北的气温偏低，耕作制度都是一年一熟，因为农作物只有夏季能生长。往南一些、冬天没有那么冷的地方就会是两年三熟，比如我的家乡秦皇岛虽然已经很靠近东北了，也还是属于华北平原，就是两年三熟，这都是因为温度的原因所致。

同样因为温带季风气候，对发展农业的不利条件就是北方地区降水偏少。在地理学家看来，年平均降水量在250～300毫米是"雨养农业"与"灌溉农业"的分界线。所谓的"雨养农业"，就是可以靠天吃饭的农耕业。张家诚在《气候变化对中国农业生产的影响初探》中提出，北半球年平均气温每增减1摄氏度，农作物的生长期就会相应减少或增加3～4周。年平均降水量每变化100毫米，粮食的亩产量就会相应变化10%。长城以内靠近长城的地方，主要是宜耕宜牧的地方，可以发展"雨养农业"。长城以外的大部分地方降水量极低，不足以支撑农耕发展。生活在这里的人群只能从传统的农耕经济向定居式的畜牧业经济转变，继而向游牧经济过渡。靠近河流能够实施灌溉的地方，也能发展水浇地农业，以适应环境的生产类型从事生产，可以较大幅度地提高生产效率。

这里需要强调一下，一些文章里提到长城正好修建在年平均降水量400毫米等雨线的范围内。这一说法并不适用于全部长城，只适用于长城的部分区域。明长城横跨东北、华北、西北，东端的辽宁丹东年平均降水量为800～1 200毫米，最西端的嘉峪关年平均降水量仅85.3毫米。严格地说，大部分长城是修建在年降水200～400毫米的区域。除年降水量外，年蒸发量也是一个气候条件指标。明长城东端年平均蒸发量在1 110～1 250毫米，西端年平均蒸发量则高达2 150毫米。

中国的干旱半干旱地区，大体是以200～400毫米年等降水量线来划分。干旱地区的年降水量在200毫米以下，半干旱地区的年降水量在200毫米以上、400毫米以下。

长城区域属于半湿润向半干旱过渡的临界带，秦汉长城以北多是干旱、半干旱地区。干旱地区在难以实现浇灌的状态下，没有办法进行农业生产。半干旱地区的降水量虽较少，但农业生产可以在浇灌的状态下进行，较大面积的草地植被可以在自然状态下恢复。所以，长城沿线不仅是农牧两种经济类型交错分布的地区，也是在地理学上的生态敏感带。

长城沿线干旱和半干旱区有温带大陆性干旱、半干旱气候，主要包括内蒙古、甘肃、宁夏等省（自治区），也有温带半干旱大陆

甘肃酒泉长城（作者 摄）

性季风气候，包括阴山以南、贺兰山以东的部分地区。干旱和半干旱地区的主要气候特征是光照充足、降水稀少、气象灾害较多。干旱、大风、沙暴、干热风等气象灾害不利于农耕经济发展。这些气象阻碍农业的发展，其主要原因是水的缺失和风蚀、沙埋，使土壤低薄。由于这一带风大沙多，农作物生长没有很好的土壤环境。

干旱、半干旱地区多是盐碱地，气候越干燥，盐碱地的分布越广。长城沿线的这些自然因素，使王朝在开拓边疆时很难在这个地区有比较大规模的、长期稳定的农耕经济发展。所以，自然因素也对中原王朝在长城地区的控制力产生一定的影响。

农耕政权和游牧政权争夺较为激烈的地方主要是半干旱地区。受土地类型和气候差异等因素影响，这一带属于天然植被、人工林草与旱作农田并存的生态环境脆弱的地区。

长城沿线的游牧民族绝大部分时间生活在干旱地区。虽然那里也有一些绿洲，但大部分地方是荒漠过渡地带，甚至是荒漠地区。在如此恶劣的生态环境下，绿洲就成为农牧双方政权争夺的首要目标。对农耕王朝而言，在这些绿洲没有多大的战略回旋余地，如果没有强有力的安全保障，绿洲就不会安定，战争就会把双方一步步拖向灾难的深渊。

游牧政权控制了这些绿洲，就会以这些绿洲为基地对中原出兵；中原农耕王朝政权控制了这些绿洲，就能大幅度地减少来自北方草原地区的威胁，并把这些绿洲发展成为向北开拓的基地。这些以绿洲为中心的较大地区，是农牧双方获取经济收入的战略基地，

牧羊依然是今天长城脚下农民的主要经济来源（作者 摄）

双方都不愿意放弃对其的控制权。

气候变化与王朝兴衰

气候变化是造成农业区域移动的原因之一，特别是早在人类力量远不够强大的时候。一旦出现了出乎人类意料的气候变化，如何适应气候变化成为人类面临的最大挑战。公元前1500年前，中国北方的气候开始转向寒冷和干旱，很多生活在农牧交错区的人开始向南和向东迁徙。直到公元前4世纪，即战国早中期，才完成农耕与游牧经济类型的分离。

夏商时期，黄河中下游和长江中下游温暖湿润，生态资源条件很好。这是这里能够发展成为种植农业发祥地的自然原因。考古发掘也证明，在距今8 500年至3 000年的全新世大暖期，这里的气候温暖湿润。从距今约3 000年，即殷商末年开始，黄河流域转变为相对干旱的低温期，以西北季风气候为主。这样一来，北边原来可以种地的地方，渐渐变得不适宜农业种植了。

先秦至西汉是气候温暖期，一直持续到公元初年。平均气温比今天高8～10摄氏度，农作植物的种植北界比今日也要更靠北。战国时期，秦、赵、燕三个北方诸侯国及秦汉时期向北发展并修建长城都是在这个温暖期。匈奴政权也在这个时期发展强大起来，汉初不得不连年向草原输送大量的物资，这个时期，匈奴全面控制了西域。

汉武帝开始北逐匈奴，随后修建长城，也是在这个时期。只有在气候温暖期，秦汉王朝才能大量移民至长城区域，发展农业开垦。汉朝之后，随着全球性的气温降低，农牧交错线大幅度南移。游牧民族南下成为无法遏制的趋势，形成了民族政权之间的矛盾、斗争及民族融合的高潮。气候变化导致的巨大压力，使农牧交错的北方社会变得动荡。这个时期从东汉末期算起，到隋朝的再次统一，历经了约三百六十年的时间。

进入7世纪，气候明显变暖，到唐朝已经处于一个温暖期。在其统治的近三百年中，特别寒冷、下暴雪的年数比较少。根据文献记载，冬天北方无雪或雪很少的年数竟达十几次之多，这在历史上属于很少见的现象。气候变暖使得传统的农牧分界线在唐朝早中期大幅度地向北移动。

北方的边防部队有了足够的给养保障，军事防御更稳固的同时，强大的军镇若直接把枪口对准王朝的统治，便会成为王朝的灾难。唐朝就发生了这种情况，相对温暖的气候是造就大唐盛世的环境因素，也造成了藩镇割据的局面。唐代后期，天气开始由温暖转为寒冷。严重的霜雪冻坏了庄稼和草地，使农牧分界线大幅南移。游牧民也随之向南推进，形成对农耕区的威胁。

从10世纪开始，天气又一次变冷，并在12世纪达到顶峰。13世纪初期和中期曾有一个温暖时期，但持续的时间很短暂。14世纪的气温低于今日，也低于13世纪。宋辽金时期是寒冷时期之一，冷得连鄱阳湖、洞庭湖和太湖都结了冰，冰上甚至可以走车马。这是辽金政权不断向南发展、寻求生存空间的原因之一。

15世纪初到19世纪末，中国出现过两个温暖时期和三个寒冷时期。两个温暖时期分别是1550～1600年和1720～1830年；三个寒冷时期分别是1470～1520年、1620～1720年和1840～1890年。16世纪和18世纪可算温暖时期，而17世纪和19世纪则为寒冷时期，17世纪为最冷。气候的变化使生活在这个时期的人，必须重新考虑生产和生活方式。

明万历二十八年（1600）至崇祯十六年（1643），是历史上的第五个小冰河期，也是持续寒冷时间较长久的时期；到清康熙五十九年（1720）天气才真正变暖。这一时期，气温降到千年以来的低点，北方普遍出现了较大的旱灾。有研究者提出，这是最终导

河北怀来明长城（作者 摄）

致明朝灭亡的因素之一。

中国的领土面积非常大，资源也非常丰富。发展以小农经济为基础的农业生产更是有着得天独厚的优势。因为气候差异比较大，为发展多种农业经济提供了基础条件。长城地区的农耕经济本已处在相对恶劣的自然环境里，在生产力低下的古代，若遇上大的灾害就更加困难。被迫退居到漠北的游牧民，在草量不充足的情况下，生存条件也急剧恶化。

他们无法对抗残酷的环境，就会向自然条件相对好的农耕区发起进攻，抢夺生存必需的物资，或是占领较好的草原资源来维持生存。考古工作者根据考察和科学实验结合得出这样的认识：明长城向南移动，在很大程度上是气候变化导致农牧交错带南移的结果。这一点也正是长城防御体系的长期有效性受到质疑的一个原因。

第三节　长城弥补天然屏障的不足

长城沿线北纬40°～42°的中国北方，由东向西分布着大兴安岭、燕山山脉、太行山脉、阴山山脉、贺兰山、六盘山、祁连山脉、天山山脉等大型山脉。长城基本修建在这些山脉的山脊上，或是修建在这些山脉邻近的要冲位置。长城区域的环境和经济类型都受大兴安岭—阴山—贺兰山等一系列山脉的影响。

长城区域的东部主要位于大兴安岭，这里是东北平原与内蒙古

建在山脊上的长城（作者 摄）

高原的分界线。在先秦至秦汉时期，大小兴安岭以南就是农耕与游牧或渔猎的交错地带。战国燕长城和秦汉长城，都修建在大小兴安岭以南、燕山以北。金长城的很大一部分位于大小兴安岭。此外，汉朝的鲜卑部落、北魏时期的室韦部族基本都产生于这里，并由此发展壮大后走向中原。

燕山山脉的战略位置，既是华北平原往东北方向的主要屏障，也是由东北进入华北平原的必经之路。游牧势力占据这一区域，就有了向中原发起进攻的立脚点和根据地；农耕政权控制了这一区域，就有了向北发展的基地。战国燕北长城修建于燕山北部，明长城的蓟镇部分则主要修建于燕山南部。

关于"作战基地",克劳塞维茨在《战争论》中有过论述,他认为:"一支军队从建立它的地方出去作战,不论是进攻敌人的军队或战区,还是到本国的边境设防,都必须依赖这个地方,必须同这个地方保持联系,因为它是军队存在的条件。军队人数越多,对它依赖的程度和范围就越大。"实际上,历代长城都有这样军事后方的作用。

阴山山脉位于内蒙古自治区的中部,是保护河套平原的天然屏障,也是长城区域的中部地区。这条山脉为东西走向,包括狼山、乌拉山、大青山等。河套平原是黄河冲积平原,包括前套平原和后套平原。自古这里就是农耕与游牧势力交替据有、相互争夺的地方,也是农牧民族相互融合、相互认同程度较高的地区。河套平原今天依然是内蒙古高原的粮仓。

祁连山南部的河西走廊及以西的西域是东西方交流的通道。汉代经营西域、开通丝绸之路后,由绿洲连接起来的河西走廊对于中原王朝来说更为重要。绿洲有较好的水源,来自高山的冰雪融水。绿洲适宜农业生产,是以农耕经济为基础的中原王朝开拓边疆的重点地区。汉代,中原政权占据了几个绿洲,长城也由河西走廊继续向西修建。

位于新疆维吾尔自治区的天山山脉冲积平原,有汉代和唐代修建的长城烽燧。这里是月氏、乌孙等早期游牧民族活动的地区。西域多数时候为游牧区域,今天的青海、甘肃和宁夏,在当时常面临来自游牧势力的威胁。中原政权始终重视与西域诸族的关系,古老的游牧文化和农耕文化在这个区域不断地交流、融合、发展和演变。

中国古代两千多年来一直在北方修建长城，主要是补充北部天然屏障的不足，以防御来自游牧势力的扰掠，构建农牧秩序，以减少战争。有人或许认为战争也不一定是坏事，其实不管怎么样，打仗总不是好事。如果连这一点都不承认，无疑是人类文明进化过程中的巨大倒退。

农耕和游牧两种经济类型是一对具有特殊性的矛盾，形成了不同的文化特色和历史传统。这对矛盾的双方既对立又统一，就这样推动着历史的发展。农耕和游牧民族既有竞争又有合作，文化之间也有相互借鉴。中华文化是吸收了各民族优秀文化成果的集大成者，这是一个广为人知的认识。

第四节　长城的防御体系与作用

任何朝代修建的长城，都不仅仅是简单的一道墙体。城堡、关隘、烟墩等附属设施，均是长城防御体系的组成部分。这些建筑与边墙共同构成了完备的防御体系，这是长城"由点到线、由线到面"防御思想的物质化体现。换句话说，就是将戍防、屯田、烽燧、驿站连成体系，把墙体与城堡、关隘、烟墩等附属设施有机组合起来，形成掎角之势、彼此呼应，据此构成一个完整的军事防御体系。

长城防御戍防系统

戍防系统指的是长城防御的屯兵系统。长城线上的每一个屯兵聚落都与周围的军事防御工事、各级的指挥中心形成了有机的联结。不同级别的指挥中心逐级相连,并与王朝最高军事指挥系统保持着直接联系。这是一套由点到线、由线到面,分地守御、重点设防的长城屯兵系统。

秦汉时期的军队便实行了屯兵戍守制度。秦制规定:男子年满23岁要将名符交到官府,每年要在郡县服役一个月,称作更卒;一生中要服一年的地方兵役,称为正卒;一生中要服一年的屯戍兵役,其中屯边的称为戍卒。除了法定的徭役,还有一种是谪卒,谪卒的征发对象多属罪犯,也包括大量赘婿、商人及商人子弟。

汉代兵役也有三类:一是正卒。凡男子年满23岁,要充正卒一年,由所在郡都尉集中操练。在北方边地负责长城戍守等任务的为骑士,在本郡的为材官(步兵),在水乡的为楼船(水兵)。二是屯戍。凡成年男子要屯戍一年,到京师或到诸侯屯戍,称为卫士;到长城等边疆地区屯戍者,称为戍卒。有条件的不愿戍边者,可出钱雇人代戍。三是更卒。凡成年男子每年要在本县服役一个月。不愿去服役的人,有条件的可以交给官府300钱由官府另雇人代为服役,称为过更。

屯戍者到达戍所之后,按职事分为戍卒、燧卒、亭卒、障卒、田卒、河渠卒和守谷卒。前四者戍守长城沿线的烽燧亭堠,按规定查验出入长城内外的人员和物资；后三者从事屯田生产，为长城地区驻军提供保障。其中，田卒从事垦田耕作，河渠卒管理水利灌溉，守谷卒保管谷物仓储。

屯戍在长城地区的士兵，除了戍卒外，还有良家子、应募士、徒、驰刑士和谪卒。良家子的身份比戍卒高，应募士是招募而来的，徒是因罪没官的徒隶，驰刑士是囚。官府会给屯戍卒发放月俸钱、衣被、口粮和武器等。普通屯戍卒每月可领俸钱350~360钱。田卒还能领到农具、耕牛及种子等，但田卒需按规定缴纳田租以充军粮。

中国历史上各个朝代长城的屯兵系统名称不太相同，但职能基本一样。汉和明两代长城使用的时间长，在各方面都较有代表性。通过对这两个朝代长城地区的屯戍情况进行分析，可以较为清楚地了解长城地区屯兵系统的运营状态。

汉朝初期主要靠王、侯所辖的部队作为边疆地区的屏障。武帝北击匈奴之后通过建边郡，置边军，统属于国家的长城屯兵系统逐渐完备起来。汉代边郡的郡太守是最高指挥长官，秩级为二千石。由他总领的全郡兵马每年除巡行边塞之外，还要巡视长城及亭燧的损坏情形并及时进行修缮。其副官为长史、丞，他们一般分屯于沿边要地。

各郡太守之下设若干都尉，都尉是郡太守的副手，协助郡太守负责本郡的军事和治安。但在长城沿线的边郡，每个都尉都统领一个都尉府。他们的秩级与郡太守一样，都是二千石。都尉下辖若干个侯官，侯官负责辖内烽燧亭燧的管理。都尉府的命令由侯官下达到烽燧亭燧，前线的军事情况也由侯官负责上报到都尉府。堠、燧、亭是长城上的基层防御单位。堠有堠长，燧有燧长，亭有亭长，各领其事。侯官还负责对部属的督察考核及军粮、军械等军需物品的发放。都尉、侯官的治所往往设于关隘要塞，如西汉敦煌郡下的玉门关、阳关都尉所，就位于河西走廊的重要关口。

侯是负责的长官，副官为侯丞。侯和侯丞是汉长城屯戍最基层、负有全面责任的军官。侯下属的军官就是负责具体单项工作的人。有塞尉、士吏、令史、尉史等。塞尉、士吏等分屯在沿长城的烽燧。

明代沿长城设辽东、蓟州、宣府、大同、太原、榆林、宁夏、固原、甘肃九镇。随着长城防御需要的变化，到明末发展成为十三镇。每镇派总兵率军镇守，副总兵协守，并派参将分守。镇的下面又设若干路，路下设营堡等。隆庆年间在长达 2 000 余里的蓟镇防线上，屯驻兵力达 15 万人之多。

堡城是明长城防线基层的驻军场所，每座堡城负责一段长城和相关烽燧的防务。堡城下辖总旗、小旗及台丁。堡城一般设在长城里侧、易守难攻的军事要地。凭借有利地形，既可设伏兵阻击敌人，又能向敌人发起攻击。堡城内屯兵多的有 400 人左右，少的有 100～200 人。

在长城沿线的一些交通要隘，还设有大小不等的关城。所派的

明山西镇偏关长城（杨东 摄）

驻守兵力视关隘大小而定，中小关隘有数百人或数十人不等，大型关隘有数千人甚至上万人。长城防御区内各级指挥官分别对上一级指挥官负责，平时分别负责所管辖地段长城的巡防守卫和屯兵系统的管理；战时则根据军情需要，带领所部参加长城沿线的作战行动。

在明代蓟镇长城防御区，屯兵除了常规部队之外还有辎重营。《戚少保年谱耆编》记载："蓟镇每遇虏入，军人骑一马，即盔甲什物，已极力难前，别无驮载马骡；往往枵腹数日，徒具人形，莫能荷戈，焉望鏖战？"建立辎重营的目的，就是随时准备打仗。"无事则牧放骡头，操练火器，晒曝辎重；有事则随营而进发，粮尽则就近而运取；遇虏即依大军为势，以车为营。"

明代的车兵已非先秦时期的驷马战车，而是火器时代发明的一种载炮战车。每车双轮长辕，以两头骡子驾驶，分别安放重型火炮"大将军"、中型火炮"佛朗机"以及火箭等。每个车营配备重车128辆（若是轻车则为216辆），载大将军8门，佛朗机216架，火箭15 316支。每辆车配备士卒20人，其中正兵10人，负责骡马和火炮等事务；奇兵10人，分持鸟铳、藤牌、镋钯，配合火炮作战。实际为炮兵和步兵的混编部队，每营3 100余人。

辎重营车炮与步卒协同，有自己的独特战法。《戚少保年谱耆编》记载："将车上为女墙捍矢石，且取轻便，下有活裙以出战卒。如虏以数十骑挑我则不应；或虏势大至近五十步时，火器齐举；虏近车丈余，步卒于车下出战。第一行，卒持长刀，用平日习法，伏地向前，至远不离车五步，车即随步卒缓进，而步兵齐砍马足。二行，木棍打仆马之贼，只在仆时，乘其跌落，身体仰覆，屈伸未得，乃可著力。三、四行，钯枪杂上，以刺戳之。如或力倦，退保车内，又用火器冲放一次。"辎重车每车用骡8头，骡军配备火器和刀矛等冷兵器，每营有车80辆。

长城防御屯田系统

军屯是长城防御体系的一个组成部分，也是戍守边疆的一项战略措施。军屯始于秦汉时期，特别是西汉，以发展屯田为开发长城区域的第一要务。汉武帝时，凭借汉初几十年休养生息积聚的力量，逐击匈奴，在河西设置四郡，修筑长城，投入了极大的人力和物力。在军需物资负担繁重的情况下，对将士实行没有战事的时候种地，有战事的时候打仗的策略。这种寓兵于农、发展屯田的做法，在武帝时期得到充分发展，为维护西域地区发展和丝绸之路畅通提供了经济上的保障。

军屯最大的特点是利用守边戍卒一边屯垦一边戍边。朝廷以戍卒名义将内地农民调到边地进行屯戍和备战。农民征调到戍所后，根据其具体负责的事务分为：戍卒、燧卒、亭卒、障卒、田卒、河渠卒、守谷卒。其中后三种兵卒的任务便是屯田生产。军屯人员的粮食和生活必需品，生产使用的农具都由官府统一供给，收获需按规定缴纳田租。

汉代的屯田守边方略经历朝沿用及发展，到明朝时趋于成熟。明初就将军屯作为一种制度确定了下来。为了防御蒙古各部族的侵扰，明朝在大修长城的同时，在长城九镇自东至西大兴军屯。卫所按月给戍守军士发粮饷，屯田军士的粮饷按戍守军士粮饷的半数发放。负责屯田的军士，要按规定的数额交纳税粮，以充军粮。为了保证屯田制度的长期稳定，明朝军屯的戍卒另立户籍，叫军户。军户世代承袭，永世不得脱籍。

驻守在长城沿线的上百万军队一边耕种，一边戍守，且战且农，实现了屯田以给军饷的目的。洪武二十一年（1388），《明实录·太祖实录》记载，朱元璋敕天下卫所屯田："凡卫系冲要都会及王府护卫，以十之五屯田；余卫所，以五之四。"随着长城地区形势的好转，朱元璋又于洪武二十五年（1392）二月，命天下卫所军卒"自今以十之七屯种，十之三城守，务尽力开垦，以足军食"。

军屯为军队戍守长城提供了坚实的物质基础，既解决了军队的口粮，又开垦了大量的荒地，减轻了民众的劳役和赋役负担。在明中叶以前，军屯起到了重要的粮食保障作用，但到明朝后期，随着军屯的荒废，很多地方的军屯耕地和军户，成了一些军官或地方官员的私有财产，粮食等后勤供给就又主要靠中央财政了。

长城烽火传递系统

烽火传递系统是长城防御体系的神经中枢，没有了烽火传递系统，整个防御体系都会陷于瘫痪。长城地区的古代的烽火报警体系，大致可以分为两类：一类是沿长城横向传递军事信息的烽火系统，其中也包括长城内外两侧垂直于墙体分布的纵向传递军事信息的烽火系统，为负责长城戍守的军事指挥中心传递军情；另一类是长城地区边郡之间、边郡与王朝中央之间用于军事信息传递的烽火系统。

中国古代烽燧、烽火用于军事活动中，至迟在西周时期已经开始。战国时期，烽火作为信息传递工具得到了广泛运用。《史记·魏公子列传》记载："（魏国）公子与魏王博，而北境传举烽，言赵寇至，且入界。"秦汉时期，烽火使用得更广泛，关于汉代烽火传递的古文献记载更为丰富。《史记·司马相如列传》记载："夫边郡之士，闻烽举燧燔，皆摄弓而驰，荷兵而走，流汗相属，唯恐居后，触白刃，冒流矢，义不反顾，计不旋踵，人怀怒心，如报私仇。"据《汉书·贾谊传》记载，贾谊在《治安策》中说到长城地区的严峻形势时说："今西边北边之郡，虽有长爵不轻得复，五尺以上不轻得息，斥候望烽燧不得卧，将吏被介胄而睡，臣故曰一方病

北京沿河城品字瞭望孔（杨东 摄）

矣。"负责瞭望和在烽隧传递军事信息的人始终不能躺下，军士都是穿着盔甲坐着睡觉，可见条件是很艰苦的。烽火制度延续到明清时期，一直在军事领域发挥作用并逐渐完善。

烽火报警系统是长城沿线卫戍部队的通信系统，由一系列烽火台和士兵组成。有敌情时，驻守在烽火台的士兵，以张挂标识、点燃烟火或鸣放枪炮等手段，按照事先约定好的规则，将军情依次传递出去。

为保证信息传递畅通无阻，烽火台一般建在视野较为开阔的地方，数量依地形山势和可视距离而定。在长城沿线及其延伸地区有数条烽火台建筑系列，一旦发现敌情，通过这些烽火台快速地向上级及相邻防区传递出信息，以求尽快做好迎敌准备。

汉代将从上一座烽燧接收烽火信号称为"受烽"，正常接收到的信号称为"和受"，接收信号发生错误称为"误和"。接收烽火信号后，继续向下传递称为"付烽"。烽火传递的过程中，不论是"受"还是"付"，都有可能发生错误。中间相隔的烽隧越多，传递过程中出现错误的概率就越大。尽量减少传递环节是降低"误和"率的关键。

目前关于烽火信号传递的研究工作还很薄弱。由于烽火制度涉及军事机密，在何种敌情的状况下放烽多少，都不能对外泄露，所以有关烽火制度的具体内容在历代文献中保存下来的极少。汉代的烽火制度，在中国烽火史中处于承上启下的阶段。这一时期是烽火使用异常发达的时期，烽、燧建筑的规模很大。居延和敦煌地区出土的大量屯戍遗简，为研究汉代烽火制度提供了真实的资料。

长城驿传递运系统

长城驿传递运系统是通过驿路传递邮书和物资而设置的军事交通系统。《说文解字》："驿，置骑也。"古代传递公文信息主要用车马，故供传递信息人员途中食宿、换马的场所称为驿站，又称驿传、传驿，或称置、置传、邮驿等。吴礽骧根据简牍分析，在《敦煌悬泉遗址简牍整理简介》中介绍县置职守大致有六项：一、传递官府文书；二、凭传文书，为过往官员、军士提供饮食、住宿；三、凭传文书和置传文书，提供交通工具；四、管理辖区乡里的户籍；五、负责辖区的社会治安；六、垦田种植。

长城防御区内，驿传交通、邮书传递的设施、建立相应的制度是和长城防御工程建设同步设置的。长城区域内的驿传交通系统由驿路城、递运所、驿站等组成。驿传交通系统的这些城、所、站驻地都修建有坚固的城墙，配备有常设的防御兵力。长城沿线的驿传交通系统，是长城防御体系的重要组成部分，设置得十分完备。

长城到都城各主要交通干线上都设有驿站，中央与县郡直至边塞的联系都得到空前加强。秦代著名的驰道中，通往陕北上郡的上郡道，通往宁夏、甘肃的西方道，以及另有通往九原的直道等都和秦长城相通。这些道路建设使长城区域的驿传系统得到了较大的发展。

汉代长城沿线的驿骑，设在烽、亭和燧等军事防御建筑之内，用以供军事信息的递送和边塞官兵往来的后勤保障。遇紧急军情，快速传递军情和上级命令的文书叫"羽檄",所有的驿站都要给羽檄的传递开绿灯。从甘肃敦煌汉长城烽燧内出土的汉简可知,"檄"是一种形制特殊的木简,呈多面杆状。下端尖细,便于手的握拿或揣在腰间。上方有槽口,军情紧急时要在"檄"上插羽毛表示,这就是史书上常说的"羽檄"。传送紧急诏令和军事文书的士兵,每到一个驿站,换马不换人,昼夜不停,日行数百里,以最快的速度将诏令和文书送达目的地。

明代的驿传工作也十分发达,各州府县均设驿站,有水驿、马驿、急递铺之分。驿站所需人夫、马骡、车船等,作为差役由当地州县向民户编派。独立于驿站的递运所专门从事货物运输类的组织管理工作。递运所采取定点和接力的办法来运送,提高了效率,降低了成本。

明代长城上的驿传,比之早前的王朝也更加完善。明长城沿线的每条驿路上,都设有驿路城、递运所和驿站,供传递公文人员或往来的官员休息、换马、补给。驿路城的规模与屯兵的堡城相似,城为四方形,开两门与驿路相通。驿路城的主管叫驿丞。

驿站全都设在驿路上,这样方便过往人员停留、休息。驿站下设铺、亭、台等。驿路上的城、所、站都要根据驻兵的多少修建坚固的防御工事,在城防附近还建有路台来保障驿路城、站间的联系。

在明长城辽东镇共设置了7条驿路,有东关驿、杏山驿、四塔铺城等驿站。有一条驿路与京城直接相连,是当时的主要干道。还有一条通向朝鲜;当时朝鲜使者进入中国,经过的第一座驿站城便是此路上的九连城。根据专家考察，辽东镇长城沿线每30里（约15千米）左右设一驿站。

明清时期驿站使用的凭证叫邮符。向驿站要车、马、人夫运送公文和物品，都要先出示邮符，经验证无误后，驿站才会给予安排。行政机构使用的邮符称勘合，兵部等军事机构使用的邮符称火牌。邮符的使用，有着极为严格的规定，对执行特定任务的邮骑还需要派兵保护。

清代若需要快速递传的公文，要加兵部的火票，沿途各驿站必须按火票的具体要求接递。火票写的公文等级是"马上飞递"，传递速度是日行三百里（清朝1里约500米）。紧急公文"火票"标明的是日四百里、日六百里或日八百里，驿站就要按照规定的速度完成邮递任务。通报军情、政令的官方文书"塘报"，也要求日行三百里。清朝的驿传采用雇役制，并置站专门传递军报。到清朝末年，由于电报、电话等现代通信设施和现代交通工具的传入，驿传制度才被废止。

长城的作用

长城作为一个防御工程，是为农耕政权统治者建立的一个内外管理体系。它既有对外的管理功能，同时也有对内的管理功能。也就是说，长城不止防外，也有防内的任务，这方面鲜有人知。

长城防内的任务很重，首先是防止农民向外逃逸，其次是阻止非官方控制的贸易往来，另外还有盘查、税收的功能。这样的控制既是政治，也是经济管理的需求。对传统农业社会而言，增加财富的有效方法之一就是限制人口和财富的流动。长城之内的人口和财富大量地流向外边，是农耕王朝不愿意看到的情况。

我们有句俗话叫"一方水土养育一方人"，对农民来说，能不背井离乡是最好的。不变的追求是土地，变的是难熬的岁月。随着长城内人口的增加，可耕土地相对减少而生存压力随之加大。长城外地广人稀，还没有税收的压力。在这种情况下，会有农民愿意选择到长城外耕种。对一部分农民来说，只要安全有保障，在长城内外种地都是一样的。

流到长城外的财富和人员越多，对农耕王朝来说损失就越大。这些农民被纳入游牧政权的统治之下，会极大地提高游牧政权的经济和军事实力，从而对农耕政权的统治造成更大的冲击。这就迫使农耕王朝增加对长城区域军事力量的投入。所以说长城不仅防外，还有防内的任务。对朝廷来说，除了安全和经济的问题，其他的事情似乎显得无关紧要。

《汉书·匈奴传》记载，汉昭帝始元元年（前86），匈奴"国内乖离，常恐汉兵袭之。于是卫律为单于谋'穿井筑城，治楼以藏谷，与秦人守之。汉兵至，无奈我何'，即穿井数百，伐材数千"。颜师古注曰："秦时有人亡入匈奴者，今其子孙尚号秦人。"卫律能向单于建议让秦人为其守护城堡，可知秦人的数量不少。

西汉元帝时，是南匈奴与汉朝和好的时期。南匈奴向汉朝表示愿为臣属，世代守卫北方，请求拆除长城以方便长城内外的交往。在汉朝看来，这个想法应该是极具积极意义的，可是大臣侯应在给汉元帝上的奏疏中，坚决反对拆除长城。他反复强调的理由不是对南匈奴的防御，而是提到边郡有很多汉人偷越边塞之事。

由于偷越边塞之事不少，防止汉人北逃，赋予了长城防御体系更具紧迫性的任务。侯应讲了十条不能拆长城的理由，其中有三条在说防止汉人逃向长城之外。《汉书·匈奴传下》记载，侯应说："往者从军多没不还者，子孙贫困，一旦亡出，从其亲戚。""又边人奴婢愁苦，欲亡者多，曰：'闻匈奴中乐，无奈候望急何！'然时有亡出塞者。""盗贼桀黠，群辈犯法，如其窘急，亡走北出，则不可制。"

这三个理由，一是防止在征讨匈奴战争中做了俘虏的将士子孙，因贫困而逾境投亲；二是防止长城里边的奴婢，因生活困苦羡慕"匈奴中乐"而逃出长城；三是防止造反的人，在情势危急时北奔投敌。作为一个王朝，为保障整体生产和百姓生活水平的提升，需要采取一些限制性手段来维持稳定是正常的行为。

汉元帝接受了侯应的意见，派车骑将军许嘉口谕匈奴单于说："中国四方皆有关梁障塞，非独以备塞外也，亦以防中国奸邪放纵，出为寇害，故明法度以专众心也。"逃亡长城之外的人，既有负罪逃亡的人员，也有在长城之内因生活压力过大而逃亡的人员，汉简中有很多这方面的记录。《居延汉简释文合校》记载："史廉、驿北亭长欧等八人，戍卒孟阳等十人，搜索部界中□亡人所依匿处，爰书相牵""亡人迹入止塞长北部候长孙"等。居延汉简还记载:"官闻居延有亡人广地,北界隧举赤表或留迟府。"表是一种长条织物,用赤色告知烽塞警戒追索逃人。

长城对内的防范,除了防止人员外逃之外,还有一个作用就是对长城内外实行经济控制,特别是防范走私贸易。明朝对私自与边外贸易者实行重罚,但惩罚并没有达到杜绝长城内外走私贸易的目的。这是因为长城内外农耕与草原经济的互补性很强,需要交流的物资品种很多,粮食就是主要贸易物资。若将长城地区种植的谷物向南方运,用于运输的马匹等牲畜需要圈养在车马店里,还要购买粮草饲养,运输的成本很高;而将粮食运往草原市场,成本就低多了。只要选择好合适的道路,用于运输的马匹等牲畜可以在草原上随便放牧,人也可以在草地上搭建帐篷休息。若对商人的趋利行为不加强管理,大量的粮食会流向草原。这样的贸易属于今天说的"走私",不符合农耕王朝的利益。所以朝廷要利用长城防御体系,阻止这种走私贸易行为的发生。

另外,在这里要强调一下,长城很多的关隘都有盘查和收税的功能,目的是为了"抑商"。作为小农经济为主体的社会,历代农耕王朝基本都采取遏制商业的政策。《史记·货殖列传》就说过"用贫求富,农不如工,工不如商"。之所以"抑商",是因为如果富有的商人依仗其财力,占据大量的土地、矿产、金融等社会资源,为获得更大的利益,商人一定会追求政治地位的提高,从而不利于统治的稳定。

古代社会始终是"以农为本",历代都是农民占有人口的绝大多数。对于统治者来说,农民稳住了,社会就稳定、社稷江山也就稳定了。

所以,中国古代"重农轻商"在很多的时候不仅是一个政治口号。朝廷的税收中来自工商的税赋比例往往都是超过农业税的,即便如此,也要实行"重农轻商"的政策。主要是通过高税收限制商人阶层的政治发展,从而稳定社会,以免其为了追求商业利益最大化而对社会、对统治政权构成威胁。

从某种意义上来说,长城关隘的盘查和收税功能,也在经济上维护了统治。

第二章

东北平原长城

东北平原是中国最大的平原。一般地理意义上说的东北平原，主要指山海关长城以东的辽宁、吉林、黑龙江三省。东北三省全都有长城。东北平原除了东三省，其实还包括内蒙古自治区东部的东四盟，分别为兴安盟、呼伦贝尔市、赤峰市、通辽市。内蒙古的东四盟，也都建有长城。

东北平原大致可分为三个部分，东北部是由黑龙江、松花江和乌苏里江冲积而成的三江平原；南部是由辽河冲积而成的辽河平原；中部则为松花江和嫩江冲积而成的松嫩平原。在这三部分都有长城分布，但主要还是分布在东北平原南部的辽河平原。

在白山黑水间崛起的游牧、渔猎民族，为什么都热衷于南下中原？说到底还是东北苦寒地区的日子不好过，在实力不是太强的时候，他们通过时不时地南下抢掠来获取生产生活物资，以弥补天然资源的不足。游牧和渔猎民族崛起之后、进入中原，也是为了寻求更好的发展。

春秋战国时期，东北大部分地方荒无人烟。在燕国进入辽东之前，东胡人占据着这一地区。东胡人一度非常强悍，经常南下劫掠，也威胁刚发展起来的匈奴。直到燕国北逐东胡，东北才有了中原诸侯国的统治机构。燕国其实也只是占领了东北的一部分，相当于今天的辽宁和一小部分朝鲜半岛区域。

东胡先是被燕国打败，后来又被匈奴打败。东胡人被匈奴打败之后有些茫然无措，分裂成为乌桓和鲜卑两个较大的部落。乌桓部落在东汉末年走到了尽头，被曹操军剿灭。躲进大兴安岭的鲜卑，后来发展得很好。他们在匈奴被汉朝重创之后，逐渐走出大兴安岭，回到了大草原。此时，草原已经没有了可以与中原相匹敌的力量，也就暂停了修建长城。

汉朝也衰落之后，鲜卑崛起于草原。他们很轻松地统一了蒙古高原的各部，并跨过长城顺势进入了中原农耕地区。鲜卑人建立北魏，依靠强大的实力成为北方的统治政权并进行了彻底的汉化改革。再到后来，东北地区修建长城的主要是金、明两朝。不管哪个朝代修建长城，都是希望长城内外的危机和冲突可以尽快结束。

第一节　战国最后的长城燕昭王长城

东北平原的长城，大多分布在海拔200米左右的地方，华北平原则都在50米以下。比燕长城早一千多年的"夏家店下层文化"的石城环壕聚落防御工事，可视为长城的雏形。

中原政权最早进入东北平原的是燕国，燕昭王时期发动了一次成功的扩张，秦开"却东胡千里"，使燕国在辽东建立了统治。

为什么燕国早期不向东北发展，而是到了燕昭王的时候才想起开拓东北呢？这可能有两个方面的原因：一是在燕昭王之前，燕国本身还没有这样的实力向东、向北发展；二是今天的东北在当时燕国人眼里根本算不上什么物产丰富的地方，而是被视为苦寒之地。战国时期的燕国人口不多，好地还种不过来，没有谁愿意去东北的冰天雪地。

战国时期的燕国，修建了南北两道长城。燕南长城位于燕国之南界，属于用于诸侯国之间相互防御的长城，主要防御的是齐国，也兼防赵国。燕昭王时期修筑的北长城是燕国北界的屏障，西起今河北张家口，经内蒙古的兴和县，辽宁的朝阳、阜新、沈阳、铁岭、抚顺、本溪、丹东等地，东到朝鲜半岛北部。这条长城被用来防御东胡，约修建于公元前300年，是战国时期创修的最后一道长城。

燕北长城主要修建在燕山的北部，经过的地区是许多少数民族曾经活动的区域。各族人民通过辛勤劳动，开拓了这片富饶而辽阔的土地，东胡便是其中一支。燕国在昭王初期并不强大，为了换取北部的安宁，不得不以本国将军秦开作为人质与东胡媾和。

将军是战国时始设的武职高级军官的通称。春秋时晋文公建立上、中、下三军，中军地位最高，可以统帅三军，中军的首领称为将军，从而有了将军之名。但是，这时的将军并非指单独统兵的武官。战国时采取将相分设的制度，国君可以直接任免辅相和将军，分别统帅文武官员。战国时不同诸侯国对高级军官的称呼也不同，有上将军或大将军两种。如《史记·乐毅列传》记载："燕昭王悉起兵，使乐毅为上将军。"又如《史记·樊世家》载："秦大败我军，斩甲士八万，掳我大将军屈匄。"

秦开是燕昭王宠信的爱将。为了让东胡不再给燕国制造麻烦，从而顺利实施伐齐兴国的战略目标，同时为了必要时借助东胡兵力用于燕齐之战，燕昭王派秦开出使东胡。秦开为质于胡的时间相关史籍记载不详，一些燕史研究学者认为应当在公元前299至公元前260年间。

个人认为秦开作为人质离开东胡的时间，应该是公元前285至公元前284年。做出这一判断的主要依据有两方面：一是燕国曾有借胡兵助其伐齐的考虑，二是燕昭王向东胡进军要有物力财力。选择对东胡作战最适宜的时机，可能在公元前284年伐齐取得决定性胜利之后。

这种以派将军过去做人质的办法实现的和平极不稳定，并不能使东胡停止南下的行为。燕昭王通过变革使燕国实现富强之后，便决定向东和向北发展解决来自东胡的威胁。秦开自东胡返回燕国后不久，燕昭王派秦开袭击东胡，迫使东胡大幅度地向北退却，这一行动给燕国带来了大片土地。

秦开率兵攻伐东胡之所以取得大胜，与秦开曾为质东胡并积极筹谋有密切关系。秦开在东胡期间，对东胡各方面都有了深入的了解，也掌握了东胡与燕国毗邻地区的山川地理。回到燕国后，他向昭王提议尽速行动。燕军很快突破了东胡的防线，向前推进，不仅收复了被东胡占去的燕国小片土地，而且把燕国控制的土地向东北推进了数千千米。《史记·匈奴列传》记载，秦开率军拓展燕国东北部疆域后，"燕亦筑长城，自造阳至襄平。置上谷、渔阳、右北平、辽西、辽东郡以拒胡"。为了保障已经获得的土地利益，燕筑长城来防止东胡的南下。燕在新辟地实施郡县制，设置了五个郡，以便防卫东胡。

据《战国策·燕策一》记载，向东北推进后的燕国所辖"东有朝鲜、辽东，北有林胡、楼烦，西有云中、九原，南有呼沱、易水"，就是说包括了今北京以及河北北部、内蒙古南部、山西东北、山东西北、辽宁西部的广大地区。《韩非子·有度》中说："燕襄王以河为境，以蓟为国，袭涿、方城，残齐，平中山，有燕者重，无燕者轻。"韩非子说的燕襄王就是燕昭王。燕国国力强大起来，成了举足轻重的大国。

燕国在北部和东部地区修造长城，起自造阳至襄平。造阳在今天河北省北部的张家口市，襄平是今天辽宁省辽阳市。辽宁省建平县向北100千米左右的黑水镇，有至今保存相对最好的一段燕北长城遗址。说相对最好，是与已经消失了的地段比较而言，这里也已经成为一种遗址状态。早先人们并不知道，燕国秦开修筑的长城在哪里。直到1941年，著名考古学家李文信在进行考古调查时，途经老哈河的东西两岸看到有很长一道遗址，当地的村民一直称之为"老边"，也称为"土龙"。

经过考古调查，李文信为这条土龙验明正身。这也意味着考古界确认了其为早已失踪的燕长城遗址。建平北部这段燕长城长约7

辽宁建平燕长城暨方城遗址（董旭明 摄）

千米，经历了2 000多年的风雨侵蚀，石砌的墙体虽然残存，但已经极其破败了。

燕北长城后来被秦始皇修万里长城所沿用，所以一般称其为燕秦长城。河北省承德市围场县新拨乡岱尹上村岱尹梁北的山脚下有一块《古长城说》碑，内容是乾隆帝于1752年作的《古长城说》。碑文用汉、满、蒙、藏四种文字镌刻。碑包括碑头、碑座，通高550厘米，碑身高224厘米，宽130厘米，厚62厘米。此碑1966年被砸毁，1979年8月由县文物保护管理所拼接后重新立起来。

《古长城说》碑文记述了乾隆巡幸木兰围场时，发现了东西数百里长城的经过，并发表了自己的感慨：

木兰自东至西，延袤数百里中横亘若城堑之状，依山连谷，每四五十里辄有斥堠、屯戍旧迹。问之蒙古及索伦，皆云："此古长城也。"东始黑龙江，西至于流沙，类然。夫蒙恬起临洮而属之辽东者，今其城犹存，乃去此数百里而南，且东西又不若是其辽也。则古长城者，岂循蜚、疏仡时所为者耶？《山海》《括地》所未载，于无意中得之荒略口传，而借余以垂其名，岂非造物者之灵，迹久晦而必彰耶？尝苦载籍传记，浮夸多伪，固不若苞蒙无文者世代相沿，指实以道亡，无褒贬予夺于其间也。则秦之所筑，为扩边乎，为让地乎？于古无闻而今传焉。吾安知天下之似此未传者当复几何乎？又安知今经予传而必保其后此之不又失传乎？或曰："此非城也！盖天地自然生此，所以限南北也。"夫天地既生此以限南北，则秦之为长城益可笑矣！

近十几年，辽宁、河北、内蒙古的考古工作者对燕北长城进行了详细的调查，在长城所经过的地方发现了很多遗址遗存。调查发现，燕北长城在内蒙古赤峰和辽宁朝阳、阜新等地均为南北两道长城，这两道长城相距数十千米至百千米。燕北长城之所以会有内线长城和外线长城，是因为战国时燕国向北向东有两次扩张。内线长城修建于秦开破东胡后，而外线长城则是燕国稳定了东北之后，继续东扩时所修筑。

燕北长城的内线延伸到朝鲜半岛，其遗迹在1986年4月被朝鲜社会科学院考古所等单位的研究人员发现。朝鲜考古学界称这条长

吉林通化战国燕长城壕堑及城墙遗址（董旭明 摄）

城为大宁江长城。这条长城达120千米，北段正好与鸭绿江以西的宽甸县境内战国长城遗迹相接，大宁江长城无疑应该是燕北长城内线的最东段。

据2012年国家长城资源调查结果认定，燕北长城主要分布在辽宁、内蒙古和河北三地境内。辽宁省内分布于抚顺市抚顺县、顺城区、望花区，沈阳市东陵区、皇姑区、沈北新区，阜新市阜新蒙古族自治县，朝阳市北票市（县级市）、建平县。内蒙古自治区内东起敖汉旗，经喀喇沁旗，西至赤峰市元宝山区。河北省内分布于张家口市沽源县、赤城县。以上所有地方的燕北长城都是遗址状态了，有的地方甚至连遗址也很少了。

第二节　秦长城的东端

俗话说"万事开头难",一般的事尚且如此,更何况修建第一条万里长城。秦始皇长城,西起临洮、东至辽东,这是第一条总长度超过5 000千米的长城,故被称为"万里长城"。在东北平原要介绍秦始皇修建的长城,在华北平原和内蒙古高原也还要介绍,可见秦长城有多么重要。

辽宁省境内的早期长城,都被称为"燕秦长城"。主要是因为此处的多段长城难以分辨是秦朝还是战国燕所修建的,所以统称燕秦长城。其现存确认墙体遗址有107千米,起于今阜新市阜新蒙古族自治县八家子镇八家子村六家子屯西北600米的山顶上,止于朝阳市建平县热水畜牧农场热水村马家湾屯西北2 050米处。

这段长城墙体走向为东南—西北,另外还有敌台、哨所、烽火台等单体建筑67座,关堡19座,相关遗存9处。燕秦长城的防御体系由墙体、敌台、烽火台、障塞等组成。目前在辽东则主要发现有烽燧遗址及屯堡等文物点。

另外,燕山大学中国长城文化研究与传播中心的李树林教授,提出燕秦长城在吉林境内也有遗址遗存。这是一个重要的发现。其倾三十余年的时间和精力,实地踏勘、调查了辽宁、吉林境内现存的燕、秦、汉时期实体遗存,发现"主体性军事类障塞"据点数百处,"中枢性行政类城址"数十座。

《汉书·主父偃传》记载,秦统一之后,关于如何对待匈奴势力也是有争论的。按照秦始皇的意思,很想利用灭掉六国、已经"海内为一"的大好时机乘胜攻灭匈奴。李斯对此持否定意见,他说:"不可。夫匈奴无城郭之居,委积之守,迁徙鸟举,难得而制。轻兵深入,粮食必绝;运粮以行,重不及事。得其地,不足以为利,得其民,不可调而守也。胜必杀之,非民父母。靡弊中国,甘心匈奴,非完计也。"

秦王政二十六年(前221),秦始皇完成统一大业后,依然要面对北方强大的匈奴。由这一年开始,秦王政开始称为始皇帝,不过年号依然按照秦王嬴政时期连续排列。秦始皇为了保障统一后的国家安全,开始加强对匈奴的防范,并积蓄力量准备反击。

他深知如果不能有效地解决匈奴威胁,刚建立起来的统一帝国随时都可能被埋葬。秦始皇对匈奴的态度,基本奠定了后来农耕政权对待北方游牧势力的政策方向:一面组织兵力北征讨伐,一面组织人工加筑北部长城,以实现长期防御的战略。采取这些重大措施之前,秦始皇曾巡视过北方与匈奴接壤的地带。

秦始皇自统一全国后,曾有五次大规模出巡。出巡的主要路线有两条:一条是从东至西巡视帝国的边界地带,即今天的甘肃、宁夏、陕西、山西、河北;另一条是通往他向往的神秘泰山和浩渺大海。他沿途立碑、歌功颂德的同时,拜祭泰山、大海,并命人带童男童女下海求仙。他的出巡是出于宣德扬威、安定天下的政治目的。

出巡围绕着两个主题,一是为巩固北部边防,了解北部边塞的情况；二是求长生不死之灵丹妙法，逃离人间的生死轮回。据传，秦始皇第四次出巡到达上郡时，听说燕人卢生从海上求仙归来，便急忙召见。燕人卢生并没有告诉秦始皇是否在海上寻访到神仙，却给他带来一个意想不到、令他闻之震怒的消息。卢生献的《录图书》中有一句话："亡秦者胡也。"胡，即北方的匈奴。当然，这也仅仅是传说而已。

有些人把修建长城也说成秦朝二世而亡的原因之一，特别是秦亡之后汉朝反思秦政时更是如此。这种认识以汉初的贾谊最具有代表性，他在《新书·过秦中》说："繁刑严诛，吏治刻深，赏罚不当，赋敛无度。"《史记·淮南衡山列传》则称："昔秦绝圣人之道，杀术士，燔《诗》《书》，弃礼义，尚诈力，任刑罚，转负海之粟致之西河。当是之时，男子疾耕不足于糟糠，女子纺绩不足于盖形。遣蒙恬筑长城，东西数千里，暴兵露师常数十万，死者不可胜数，僵尸千里，流血顷亩，百姓力竭，欲为乱者十家而五。"

秦朝残酷的刑罚制度，肯定是导致灭亡的一个原因。支撑修建大型工程的沉重赋税和徭役制度也是原因之一。即便如此，贾谊的所谓"天下苦秦"的说法肯定也是夸大了。后朝否定前朝，常常是做这样的夸大。秦朝过激的统治激起反抗是事实，这是大变革的代价。导致灭亡的另一个原因是秦完成统一大业，全新建立的一套制度肯定还不完备。

说起秦长城，大家都知道这样两个人物，一个是修建长城的秦始皇，另一个就哭长城的孟姜女。人天生就有悲悯情怀，这是孟姜女的故事家喻户晓的情感基础。长城是孟姜女伤心之地，也是孟姜女爱情的祭坛。

孟姜女哭长城的故事是中国古代四大传说之一。常有人问，孟姜女哭倒的是什么地方的长城？回答这个问题，前提是孟姜女的故事是真的。

其实，孟姜女的故事只是传说而已。秦始皇的确修建过长城，但孟姜女的故事与秦始皇以及长城没有任何关系。《左传》记载的杞梁妻，也仅是一个知礼的女人。齐侯（齐庄公）进攻莒国，大将杞梁战死了。齐侯班师回国时，在郊外遇见杞梁的妻子向她表示吊唁之意。杞梁妻不以为然地说："殖（杞梁字）之有罪，何辱命焉？若免于罪，犹有先人之敝庐在，下妾不得与郊吊。"齐侯听她说得有理，便在杞梁将军家里布置好了灵堂之后，到他家里进行了吊唁。

这个故事发展到了唐朝才与长城产生联系。最早有孟姜女完整故事情节的是唐玄宗时《雕玉集》所引的《同贤记》。这是一篇戏文，原文是这样的：

杞良，秦始皇时北筑长城，避苦逃走，因入孟起后园树上。起女仲姿浴于池中，仰见杞良而唤之问曰："君是何人，因何在此？"对曰："吾姓杞名良，是燕人也。但以从役而筑长城，不堪辛苦，遂逃于此。"仲姿曰："请为君妻。"良曰："娘子生于长者，处在深宫，容貌艳丽，焉为役人之匹！"仲姿曰："女人之体不得再见丈夫，君勿辞!"遂以状陈父,而父许之,夫妇礼毕。

良往作所,主典怒其逃走,乃打杀之,并筑城内。起不知良死,遣仆欲往代之,闻良已死,并筑城中。仲姿既知,悲哽而往,向城啼哭。其城当面一时崩倒,死人白骨交横,莫知孰是。仲姿乃刺指血以滴白骨,云:"若是杞良骨者,血可流入。"即沥血,果至良骸,血径流入。使将归葬之也。

戏文中将杞良妻与哭倒秦始皇长城联系到了一起。

依照孟姜女的传说,范杞良是新婚之夜被抓去修长城的。那么,长城到底都是由什么人修建的?根据史料分析,修筑长城的人力来源,主要有三个方面:第一是戍防长城的军队,历代修筑长城的主力都是军队。如秦始皇派蒙恬率30万大军打败匈奴之后修筑长城。第二是征调的民夫劳役,历代修筑长城都大量征用民夫。第三是发配充军的犯人,秦汉时期有一种刑罚叫做"城旦",主要是罚去修长城的。

孟姜女的传说有符合历史的部分,就是有关"城旦"的内容。"城旦"中很大一部分是赘婿,就是到女方家定居的男子。秦朝不允许男方入赘女家为婿。孟姜女的丈夫之所以在新婚之夜被抓去修长城,是因为他违法了不允许倒插门的法律。按秦法的逻辑,男人到女方家定居,一是逃避劳役、兵役,二是逃避税赋,总之是逃避社会责任。抓起来的赘婿,只有一种惩罚,就是被处以"城旦"的刑罚去修长城。

山海关孟姜女庙（作者 摄）

唐代以后，宋、元到明、清的近千年，孟姜女的故事继续演变，通过变文、宝卷、院本、唱词、杂剧、歌曲、文人诗词、碑刻题铭、地方戏等多种文艺形式流传。山海关外就有一座孟姜女庙，里面有康熙八年（1669）的《重修姜女祠碑记》。碑文中有"秦皇欲置之阿房，而孟姜足迹万里，终得夫骸，竟枕石于海滨焉"，将秦始皇与孟姜女联系到了一起。

第三节 和亲与汉长城

东北平原上的汉长城防御体系，主要以烽火台为主并设立大小不等的汉城作为屯兵基地。汉代修建长城分为三个阶段，初年修缮秦长城、武帝征战匈奴建长城、东汉建长城及平匈奴。辽宁与吉林的汉长城，主要是从西汉建立至武帝即位前夕（前206—前141）共65年的时间所修，为汉朝修筑长城的第一阶段。

这一时期军事防御建设的重点是北边诸郡，汉高祖刘邦建立政权时便开始着手局部修缮并利用秦长城。西汉初期，为了医治战争创伤、恢复社会经济，实行了与民休养生息的政策。大举对匈奴作战不利于汉朝初年的经济恢复，即便作战取得成功，对社会也将产生很大的负面影响。

在对待匈奴的问题上，刘邦及之后的汉朝皇帝基本是继续采取维持现状的对策。对北边诸郡和长城防御都极为重视，主要是继续利用并修缮秦始皇时期的长城，连续六十余年奉行"南抚北守、以防为主"的战略思想。

为巩固边疆，刘邦开始了修长城一事。《史记·高祖本纪》记载："于是置陇西、北地、上郡、渭南、河上、中地郡；关外置河南郡。更立韩太尉信为韩王。诸将以万人若以一郡降者，封万户。缮治河上塞。"

司马迁《史记·匈奴列传》记载："汉遂取河南地、筑朔方，复缮故秦时蒙恬所为塞，因河为固。"在有关长城的文献中经常出现"塞"这个概念，大多数都是指边疆地区的险要关隘，在汉代则特指长城。"复缮故秦时蒙恬所为塞"说的就是修缮了秦始皇时期修建的长城。

《史记·朝鲜列传》中也记载："汉兴，为其远难守，复修辽东故塞，至浿水为界，属燕。"可知在这段时间里，汉高祖还修筑了辽东故塞。

浿水即今朝鲜半岛上的大同江，是辽东郡的东南界。秦长城的终止点碣石就在今大同江入海口北面的滨海之地。汉朝建立之后，因为东北离中央区域过远，难以守御，于是重新修复辽东的秦长城，一直到以浿水为界。以此谋求在最东的边疆发挥更强的军事影响力。

在加强防御的同时，汉朝采取了和亲政策。《汉书·匈奴传》记载："昔和亲之论，发于刘敬。是时天下初定，新遭平城之难，故从其言。"

然而，通过和亲并没有获得边疆的完全安定，《史记·匈奴列传》记载，文帝登基之后为了缓和与匈奴的冲突，遣使给匈奴的书信称："先帝制：长城以北，引弓之国，受命单于；长城之内，冠带之室，朕亦制之。"文帝希望双方能够继续在和亲的条件下，维持正常的交往。匈奴虽然同意了汉文帝的主张，但长城内外形势依然动荡。匈奴南下扰掠中原的事情不断发生，汉朝期待的转折始终没有出现。如文帝三年（前177），匈奴右贤王入居河南地，大举侵扰上郡（治今陕西榆林东南）。文帝六年（前174），冒顿单于死，形势也并没有变得更好。冒顿单于子稽粥立，号老上单于，汉又遣宗室女为单于阏氏。

老上单于时期，匈奴对汉长城之内的抢掠有所升级，到了文帝十四年（前166），老上单于甚至亲自率领14万骑兵攻入长城。文帝后元六年（前158），匈奴老上单于已死，继位的军臣单于以3万骑兵攻入上郡，另以3万骑兵侵入云中（今内蒙古托克托县），汉文帝紧急任命了一批将领戍守长城，以应对匈奴的严重威胁。

汉景帝三年（前154），发生了七国之乱。匈奴虽未乘七国之乱南下，但对西汉的威胁仍然存在。汉景帝在实力不及的情况下，不得不继续实行和亲政策。尽管汉朝认为这一方式不可能获得长期的和平和稳定，还是决定继续这样做下去。

汉初至文景之治期间的和亲，虽没有杜绝匈奴的南下，也没有发生大规模的征战。这样的策略为汉朝争取了时间，畜养马匹、发展骑兵、增强边防实力。经过长时期的积累，汉朝同匈奴力量的对比正在发生变化。

汉朝国力逐渐强盛，平定了异姓、同姓诸王的割据势力。王朝的统治得到了进一步的巩固。随着国力的增强，汉朝对匈奴的态度也发生了变化，采取战争还是和亲的政策，朝中意见不一致，但主战派逐渐占上风。到了汉武帝的时候，最终下了发动战争平定匈奴的决心。

根据2012年国家文物局发布的长城资源认定结果，辽宁省内汉长城分布于丹东市振安区、凤城市，抚顺市新宾满族自治县、抚顺县、东洲区、顺城区、新抚区，沈阳市东陵区、皇姑区、沈北新区，锦州市黑山县、北镇市、凌海市、义县，朝阳市建平县。今天只有断断续续的遗址尚存。

辽宁法库汉代方城（董旭明 摄）

不仅辽宁有汉长城，吉林也有，这一点鲜有人知。2006年开始的国家长城资源调查工作，最初也没有把吉林省列入调查工作范围。辽宁省开展调查工作期间，调查人员顺着汉长城的遗址做考察，走到了辽宁和吉林两省的交界处，看到长城遗址从辽宁进入了吉林省境内，于是国家文物局才将吉林省补列为长城资源调查的省份。

吉林省的汉长城位于吉林省东南部、长白山腹地。主要有通化汉长城、老边岗土长城、延边边墙三部分。吉林省长城总长度419.38千米，包括墙体和天然山险长度367.38千米，附属设施和相关遗存连线长度52千米。吉林省这三段长城的构成相对简单，遗址遗迹整体的保存程度都很差。

通化汉长城：除本体外，附属设施包括烽火台12处、堡1处和相关遗存1处（赤柏松古城）。

老边岗土长城：遗产本体构成要素全部为长城本体。老边岗土长城整体保存程度较差，消失段约占其墙体总长度的37.8%，现存墙体保存程度也是差或较差。

延边边墙：遗产本体构成要素包括长城本体和附属设施。其中，附属设施包括烽火台、关和堡。延边边墙消失段约占其墙体总长度的29%，约64%的现存墙体保存程度为较好或一般；附属设施保存一般；墙体设施保存均为较好。延边边墙整体保存程度一般。

吉林省长城跨越吉林省4个市（州）的11个县（市、区），沿线行经40个乡镇约250个居民点。范围涉及通化市通化县，长春市德惠市、农安县，四平市公主岭市、梨树县、铁西区，延边朝鲜族自治州和龙市、龙井市、延吉市、图们市、珲春市。建筑主要是土夯或土石混筑，今天都是遗址状态。

第四节　牡丹江边墙与金长城

说到黑龙江有长城，很多人或许会感到有些困惑。黑龙江省现保存有唐代、金代两种类型的长城，墙体总长度为266.285千米，分别为唐代牡丹江边墙、金代长城（黑龙江段）。这些长城都是2006年国家开始长城资源调查后，最终于2012年得到国家文物局认定的。

唐代牡丹江边墙由唐代渤海国所建，渤海国是粟末靺鞨首领大祚荣建立的政权。713年，唐玄宗册封大祚荣为"渤海郡王"，其政权始以"渤海"为国号。渤海国存在了两百多年，其控制范围包括现在的中国东北地区、朝鲜半岛东北以及俄罗斯远东地区。

牡丹江边墙是我国最东北的一道具有长城性质的军事防御设施，其地势的选择、材料的使用，墙体形制、修筑方法以及相应的设施等，无不反映了当时本区域政治、经济、军事形势。对研究唐代渤海国和黑水靺鞨部落的关系，东北少数民族地方政权的战争、发展、民族融合、政权演变提供了珍贵的实物资料。

牡丹江边墙2006年被国务院认定为第六批全国重点文物保护单位。这道长城的长度为66.019千米，分布于牡丹江市爱民区和宁安市境内的张广才岭和老爷岭的山地丘陵中，由三段不连续的边墙构成。牡丹江边墙遗址自北向南依次为牡丹江段边墙、宁安市江东段边墙、镜泊湖段边墙，均呈东南—西北走向。其中镜泊湖段有马面38座，另外与三段边墙相关的关堡有3座。

金长城黑龙江段基本都在齐齐哈尔市，这是金代建设的军事防御工程，见证了公元12—13世纪游牧民族与渔猎民族的冲突、交流与融合，具有浓郁的地域文化特色。2001年被国务院认定为第五批全国重点文物保护单位。

金朝修建长城防御的是谁？其防御对象主要是蒙古部落。辽朝末年，草原上的蒙古部落已经发展起来。完颜阿骨打推翻辽朝，确立了金朝的统治。金朝灭辽后占据了辽朝的土地，也承袭了来自蒙古部族的边患。金熙宗天眷初年为防止北边游牧部落对边境的骚扰，派都元帅完颜宗弼（又名兀术）率兵北伐；海陵王时期，北部边疆也发生过局部战争。

金世宗初年，连续派遣数位大员北上经略长城，局势一度有所好转。到金章宗时，边疆形势开始恶化。虽然金章宗连续发动三次北伐战争，依然没能解决问题。此后，别说和蒙古军队打仗，就连呐喊助威的力量都不足了。短短几年后，金军在蒙古骑兵面前变得越来越不堪一击。

在早期，金朝修建的岭北长城还是对防止蒙古骑兵骚扰发挥了屏障作用。明昌四年（1193），蒙古塔塔儿部扰掠金长城地区，金丞相完颜襄在成吉思汗等其他蒙古部族的支持下，灭掉了塔塔儿部。蒙古塔塔儿部，居住在呼伦贝尔草原一带，客观上起到了隔阻蒙古各部与金直接发生冲突。塔塔儿部灭亡之后，金朝岭北长城的守军便要直接面对蒙古各部。金的东北部边疆形势变得非常严峻，在这个过程中，金一直不断地修建长城防备蒙古的侵扰。

齐齐哈尔段是金长城保存最完整的段落，以土石为主要制作材料，建成主墙以及内外部防御工程，包含主墙、马面、关隘、水口、山险、烽燧、古城、戍堡等，形成综合性的防御体系。其中一段城墙最高处有8米，城基最宽处有10米。齐齐哈尔境内的金长城

黑龙江龙江金长城碾子山段（董旭明 摄）

长度为200.266千米，有马面1 466座，烽火台18座，关堡30座。金长城自东北向西南分布在齐齐哈尔市甘南县、碾子山区、龙江县，主要以挖掘壕堑，将挖出来的土筑于壕堑内侧的方式构建防御工事。

第五节　鲜为人知的辽代长城

辽国是契丹人在北方建立的一个政权。公元907年建契丹国，辽太祖神册元年（916）建元称帝，国号契丹。大同元年（947）将国号改为辽。这个时候北宋还没有建立。金天会三年也就是辽保大五年（1125），辽天祚帝被金军俘虏，辽被女真人攻灭，政权存在了两百余年。

辽国的疆域北部横跨蒙古高原，南部跨过长城，占据太行山和燕山山脉的广大地区。长城内外的农牧交错地带，完全成了游牧民族活跃的地带。长城以南一望无际的华北平原，也成了以农耕文明为主的中原政权的禁地。游牧铁骑可以长驱直入地南下，而中原步兵的防御则举步维艰。

辽朝修建的长城防御工程人们知道得比较少。关于辽代修筑的长城，文献记载也是少之又少。《辽史·太祖本纪》记载，太祖二年（908）冬十月，"筑长城于镇东海口"。对这条记载，一般是有三种不同的解释：第一种观点是辽筑长城在今辽宁盖州市迤南；第二种观点是自今鸭绿江入海口一直往东北方向延伸，防御对象是渤海国并阻止其与中原的联系；第三种观点是否认辽太祖二年冬十月修建过长城，认为这一时期契丹人尚未正式建元，不可能建设长城用以防御别人。

近些年有研究者结合实地考察，提出镇东海口位于今辽宁省大连市甘井子区老铁山岬的南关岭。唐朝时这里是中原与东北海路联系的要道，唐朝使臣去渤海国都要经由此地。渤海国与契丹发生冲突，便有阻止渤海国与中原王朝联系的需要，契丹人在此地修筑长城的目的即是如此。今大连甘井子区南关岭处仍有城墙残迹，有关人员考察时还采集到铁镞等遗物，从而为进一步认识辽代长城提供了更多的有利条件。

第六节　改变明朝命运的辽东镇

镇是明代长城防御的军事管理单位。明长城的防御体系分为九镇（又称九边），后拓展为十三镇。明长城辽东镇是明代山海关以东的长城防线。辽东镇并不是明朝修建长城最早的区域，先介绍辽东镇是遵从由东向西的顺序。中国古代文献提及长城起止时，明代以前基本都是由西向东记载。比如秦始皇长城起临洮至辽东，因为那个时期王朝的政治中心都在西边。到了明朝都城改在今天的北京后，随着政治中心的东移，该地区的重要性提升，长城起止的表达也改为由东向西叙述。

辽东镇是明长城最东面的一镇，明代兵部尚书霍冀主持编写的《九边图说·辽东镇图说》议论辽东镇地理形势时写道："辽东全镇，延袤千有余里，北拒诸胡，南扼朝鲜，东控福余真番之境，实为神京左臂。"辽东镇长城大致可分为辽河西长城、辽河套长城、辽河东长城三大部分。其始建年代文献所载多有不同，通常认为最先修

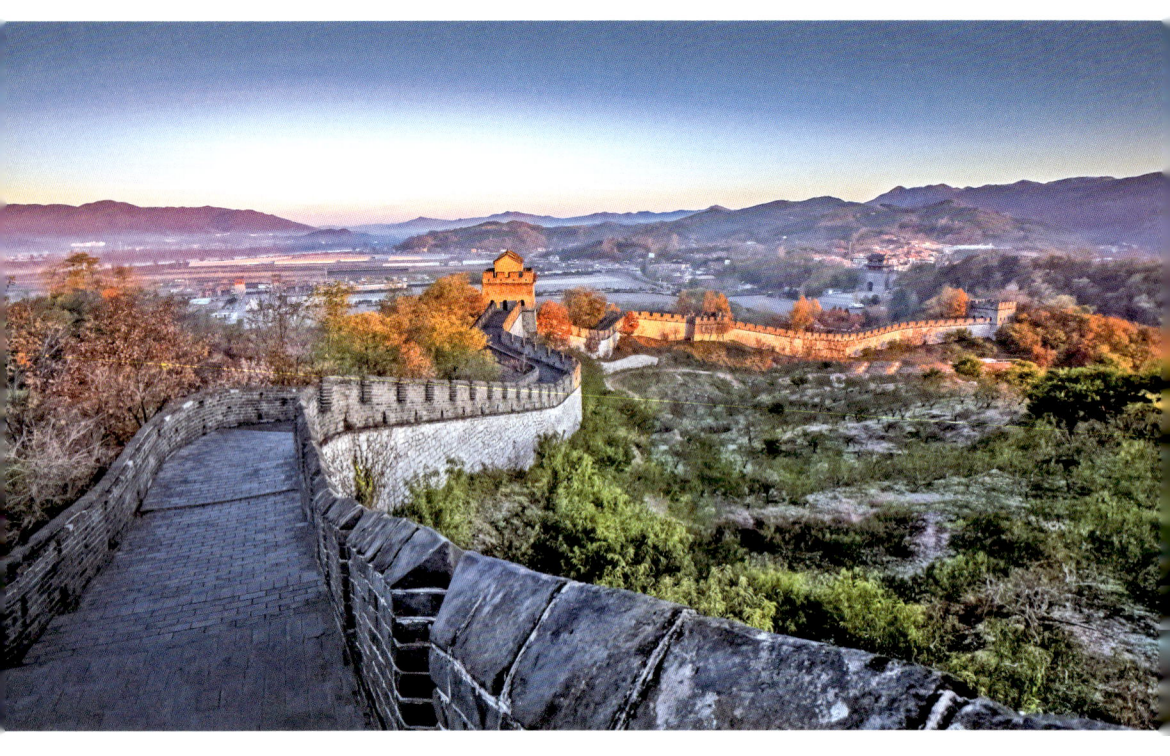

辽东镇丹东虎山长城（杨东 摄）

筑的辽河西长城始建于永乐年间；而后是辽河套长城，始建于正统年间；最后是辽河东长城，始建于成化年间。

关于辽河东长城，《辽东志·韩斌辽东防守规画》记载，成化三年（1467）设东州堡、马根单堡、清河堡、碱场堡、叆阳堡，各屯兵城堡之间"烽堠相望，远近应援，拓地千里焉"。

"烽堠相望"指的是烽火台，《明会典》对烽火的使用有记载："成化二年，令边堠举放烽炮，若见敌一二人至百余人，举放一烽一炮。五百人，二烽二炮。千人以上，三烽三炮。五千人以上，四烽四炮。万人以上，五烽五炮。传报得宜，致克敌者，准奇功。违者，处以军法。"

今天辽宁省丹东市宽甸县灌水镇柏林川村，立有2米多高的一块石板，当地称其为"老人名"，石上有记事刻文，虽大部分文字因石面风化而不可辨，但尚有"钦差镇守辽东……"字样残存，落款年号"成化五年二月五日"，字迹十分清楚，与开始修建辽河东长城的文献记载一致。

明辽东镇长城见证了几场改变明朝命运的战争。

隆庆四年（1570）明蒙实现隆庆和议，明朝对蒙古俺答汗部落通过封王、通贡和互市之后，长城沿线的大规模战争基本停止了。双方不断继续寻求加强合作，以和平的方式实现共同利益。

只有一个地方例外，在九边军镇中，只有辽东镇的军事冲突不但没有停止反而更激烈。明朝从没有像这个时期这样，皇上如此地焦躁，朝臣意见也如此地分裂。明军将士在辽东为明朝浴血奋战的时候，明朝正在以不同寻常的速度走向终结。导致明王朝灭亡的原因，除了风起云涌的农民起义之外，还有女真人在辽东崛起。努尔哈赤新建立的后金政权与明朝形成了严重对立。

女真是世代居住在东北的一个很古老的民族，明初的女真人分为建州、海西、东海三大部。爱新觉罗·努尔哈赤是建州女真的首领，他靠武力先后统一了女真各部。万历四十四年（1616），努尔哈赤在赫图阿拉城（今辽宁新宾）称汗建国，国号为大金。为了区别宋辽金时期的金朝，史称其为后金。

努尔哈赤在万历四十六年（1618）四月十三日，以"七大恨"为由向明朝宣战。辽东镇便成为明军与后金军争夺战的主战场。一系列的重大战役在这个区域展开，包括抚清之战、萨尔浒之战、宁远之战、宁锦之战等。

发生在万历四十六年四月十五日的抚清之战，是后金与明朝开打的第一仗。因为主要是后金进攻抚顺城和清河堡，故史家称其为抚清之战。努尔哈赤兵分两路向抚顺发起进攻，广宁总兵率军驰赴抚顺增援，被努尔哈赤分兵三路围歼。这一仗努尔哈赤首战告捷，烧毁了抚顺城而回。

抚清之战明军在辽东损失惨重，接下来的萨尔浒之战将彻底改变明朝与后金的军事力量对比。抚清之战明军失败后，朝廷决定向辽东的后金军发起大规模进攻。万历四十七年（1619），调动各路大军约11万人，想以绝对优势兵力一举消灭后金。朝廷任命辽东经略杨镐，统领大军兵分四路直扑辽东。

当时，并没有人认识到，这次军事行动，将导致明朝付出极为惨重的代价。作战计划是兵分四路，西路由山海关总兵杜松领兵从抚顺杀向赫图阿拉（今辽宁新宾）；南路由辽宁总兵李如柏领兵从清河城出鸦鹘关；北路由开原总兵马林领明军、叶赫兵出开原、铁岭，从北面进攻赫图阿拉；东路由辽阳总兵刘铤领明军、朝鲜兵出宽甸从东面进攻。

努尔哈赤采取集中优势兵力打歼灭战，他概括这一战略为"凭尔几路来，我只一路去"。经过五天的激战，除南路的李如柏逃了

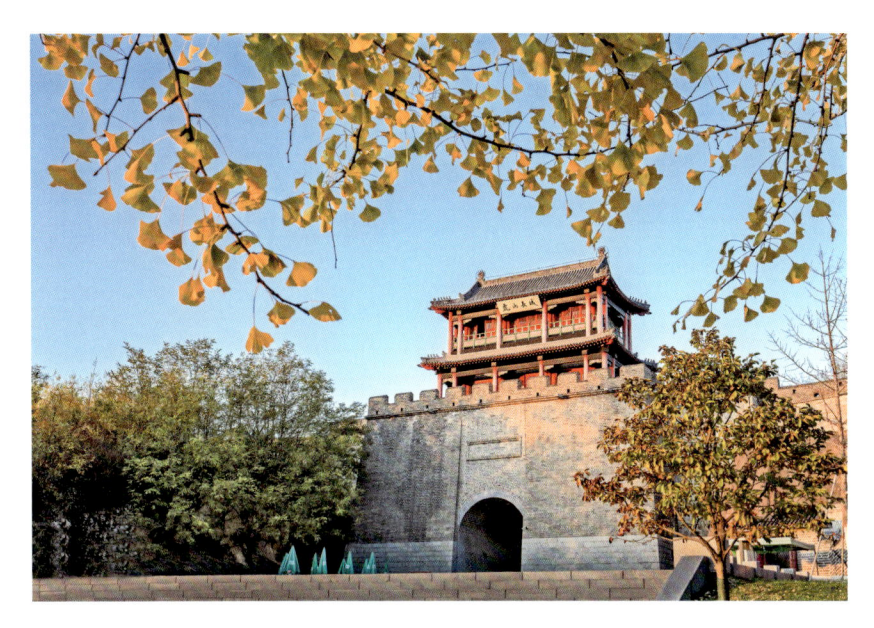

辽东镇丹东虎山长城（杨东 摄）

回去之外，明军的东、西、北三路基本全军覆没。萨尔浒之战明军大败，成为明朝与后金战争的转折点。谁也没想到强大的明军会把仗打成这样，比不打还难看百倍。

　　明朝在辽东的作战由主动进攻转为被动防御。接下来的宁远之战和宁锦之战，明军打的都是防御战。宁远之战被明朝称为"宁远大捷"，这是因为此战是明军首次打败后金军的战役。天启元年（1621），努尔哈赤的后金军攻占沈阳、辽阳，第二年又攻克广宁（今辽宁北镇）等40余座城堡，大有要一举进军山海关之势。辽东经略王在晋主张退守山海关，兵备佥事袁崇焕则主张坚守宁远城（今辽宁兴城）。他提出保关内必须守住关外，保关外必需守住宁远城。

袁崇焕的意见得到即将出任辽东经略的兵部尚书孙承宗的支持。天启三年（1623），孙承宗命其驻防宁远。袁崇焕抓紧练兵屯田，加固和增修宁远城。天启五年（1625），孙承宗派兵驻守锦州、松山、大小凌河，将辽西防线向东推进200里（约100千米），使宁远外围有了屏障。正当辽东防线的军事形势稳定并有所好转的时候，朝廷派宦官魏忠贤的党羽高第取代孙承宗出任辽东经略。

高第下令放弃关外、退守关内，袁崇焕坚守不退并决心誓与宁远城共存亡。天启六年（1626）正月，努尔哈赤率军直逼宁远，此时的宁远已经成为一座孤城。天寒地冻中，袁崇焕以红夷大炮顽强地抵挡着后金军的进攻。经过几天激战，后金损失惨重，努尔哈赤也身负重伤并于同年八月去世。

宁远之战后的另一场大仗是宁锦之战，这个时候的袁崇焕已经升任辽东巡抚。他主持加固和扩建锦州、中前所、大凌河堡等关外诸城堡，构建起以宁远、锦州为重点的宁锦防线。明军取得宁锦大战胜利，此战是明军继宁远之战后，再次取得对后金作战的胜利。

此后，由于朝臣诽谤，崇祯帝对袁崇焕怀着极度的不信任。崇祯三年（1630）八月，袁崇焕因被怀疑降清而被崇祯帝凌迟处死。袁崇焕的家被抄没了，家人也被流徙三千里。这真是"舌虽无骨却能杀人"，古代很多忠臣都不得善终，但一般都是"飞鸟尽，良弓藏"，袁崇焕则死于朝廷正需要用这样良将的时候，狡兔未死，走狗已烹。为此，袁崇焕很是有些死不瞑目，他死前作《临刑口占》，诗为："一生事业总成空，半世功名在梦中。死后不愁无勇将，忠魂依旧守辽东。"明朝未破强敌，已经自乱了阵脚。

崇祯九年（1636），皇太极在盛京（今辽宁沈阳）称帝，改国号为清。这时明清之间的战争变得更激烈而且局势对明朝越来越不利，主要是仗打到这个时候，明军的辽东精锐基本损失殆尽。明朝不仅要面对清军，还要应对李自成的农民军。日益衰弱的明朝，只能依靠山海关长城防线做最后的抵抗。

崇祯十七年（1644）三月十九日，李自成军队进入北京，崇祯帝吊死煤山。明朝的一切抵抗行动，都随着皇帝的死结束了。吴三桂本来一心要投降李自成，由于李自成的农民军有一些问题处理不当，激化了与吴三桂等明朝老臣的矛盾。于是李自成和吴三桂在山海关打响了石河大战。李自成并没有完全认识到，对起义军来说，这场战争将是前所未有的考验。对双方而言，如果对方获胜，另一方的一切或许将毁于一旦。

双方打了两天，吴三桂引清兵入关，李自成败兵退回北京，接着又逃出北京。同年，清朝开始迁都北京，昭告天下开启了清朝对全国的统治。待南明被消灭之后，明朝彻底成了历史。

据2012年国家文物局长城资源认定，辽东镇长城主要分布在辽宁省境内。分布于丹东市振安区、宽甸满族自治县，凤城市，本溪市本溪满族自治县、明山区、南芬区、平山区、溪湖区，抚顺市新宾满族自治县、抚顺县、东洲区、望花区、顺城区，开原市，铁岭

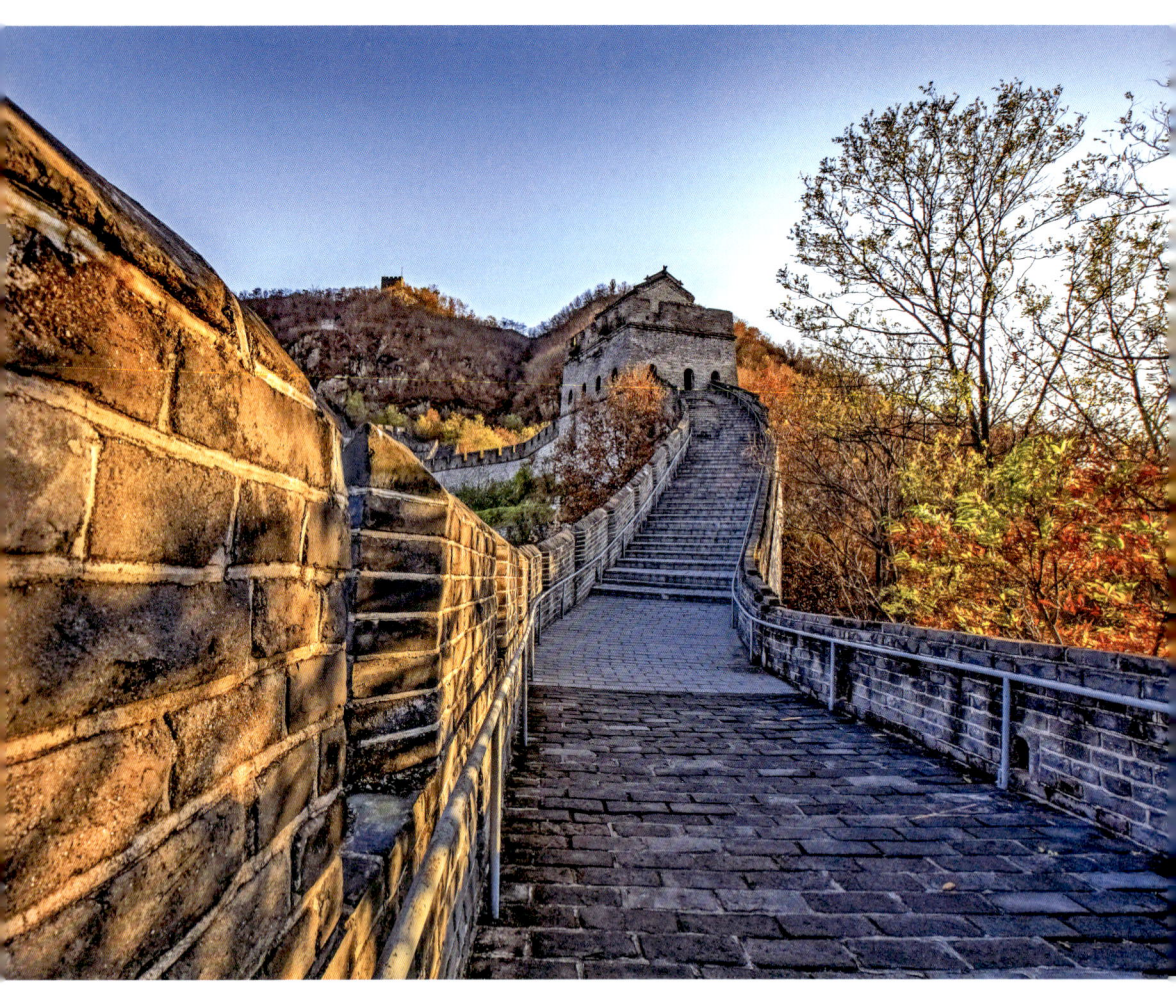

辽东镇丹东虎山长城（杨东 摄）

市清河区、西丰县、昌图县、铁岭县，沈阳市法库县、沈北新区、东陵区、苏家屯区、于洪区、辽中区，灯塔市，辽阳市辽阳县、辽阳市辖区、太子河区，海城市，鞍山市千山区、台安县、岫岩满族自治县，盘锦市兴隆台区、盘山县、大洼区，阜新市阜新蒙古族自治县、清河门区、彰武县，锦州市古塔区、凌河区、黑山县、北镇市、义县、凌海市，锦州市太和区，北票市，葫芦岛市连山区，兴城市、绥中县。

第七节　纳兰性德笔下的柳条边是长城吗？

清朝初年，词人纳兰性德写了很多很好的诗词，今天很多作品依然令人瞩目。他有一首题为《柳条边》的七律传世：

是处垣篱防绝塞，角端西来画疆界。汉使今行虎落中，秦城合筑龙荒外。

龙荒虎落两依然，护得当时饮马泉。若使春风知别苦，不应吹到柳条边。

清柳条边是长城吗？可以说是，也可以说不是。说其不是长城，因为主要作用不是军事防御；说其是长城，因为柳条边的作用与长城一样，是通过隔离来规范长城内外之间的交往秩序。词中的"垣篱""绝塞""疆界"都说明了柳条边隔离内外的性质。以山海关等长城关隘为坐标表达地域概念时，当地人称为关里、关外；以长城的城墙为坐标时，就称为边里、边外。以柳条边的边门为坐标时，也称关里、关外和边里、边外，可见其管理内外的功能是与长城一致的。

清朝为什么要在东北建设一条柳条边以隔内外？清朝入关成为全国统治者之后，视东北为"龙兴之地"，为了保障此地的民族成分纯正，不允许其他民族的人进入此地区，颁布了"禁关令"。这样做还可以保护松花江、乌苏里江和黑龙江流域盛产的人参、皮毛、珍珠、鹿茸等贵重物资。

为了使"禁关令"得到贯彻，清朝在山海关以西利用明长城，在山海关以东修建了柳条边，又称为盛京边墙。清朝修边从1638年皇太极修缮凤凰城到碱厂一段的边墙开始，大规模修建柳条边则始于顺治五年（1648）。柳条边的修建，历经皇太极、顺治、康熙三朝，前后用时四十三年才基本完成。

柳条新边是康熙九年（1670）至二十年（1681），为了和内蒙古科尔沁诸部划分界线而修建的。主要位于今天的吉林省境内，因修筑时间晚于盛京边墙，故称作新边。据《盛京通志》记载："（新边）东自吉林北界，西抵开原县威远堡边门，长六百九十余里，遮罗奉天北境，插柳结绳，以定内外，谓之柳条边，亦名新边。"

横亘在东北大地上的柳条边，今天能看到的遗址遗迹已经不多了。从现有的遗存来看，其修筑方法基本与修建长城一样，在山区有石头的地方用石料垒墙，在平地则主要是土墙，也包括使用挖壕的方法。在一马平川的地方是堆成1米左右高的土堤，然后种上密集的柳树，树与树之间用绳子连接起来，成为"插柳结绳"的柳树篱笆屏障。土堤外一般还会挖有较深的土壕，以增加攀爬土堤的难度。

清朝修建柳条边用于隔离东北与中原、内蒙古草原，防止非满族人随便进入东北，特别是防止中原汉人涌入东北。如关内"民人"不许越过"柳条边"，不许进入东北满族发祥地和朝廷分封给蒙古王公的牧场垦荒种地。同时，满族、汉族和蒙古族、汉族之间男女禁止通婚，禁止满族和蒙古族人学习、使用汉文或用汉文取名，这样做的目的是为了保护满族、蒙古族的文化和习俗，以巩固大清的统治地位。

柳条边上也设有边门可以通内外，并驻有军人负责开闭边门及稽查出入边门人员的手续。出入者需要持有关部门发放的通行证明，并且要从指定的边门验证出入。私自爬边越境是违法行为，一经发现即行逮捕拘禁。即便是偷着穿越过了柳条边进入东北，被发现在封禁区内偷采人参等，也要被处以鞭刑、杖刑、徒刑等刑罚。边门后来增加了收税的功能，边里、边外经过边门的货物都要纳税。

柳条边总共开20座边门，设在交通要道。盛京将军统辖开原以东的边墙，奉天将军统辖开原以西的边墙，吉林将军管辖新边。边墙之内为农垦土地，边墙外为蒙古各部落驻牧地或为围场禁地。各边门设关口守御（武官）一名、笔帖式（文官）一员，俗称"文武二章京"，管理满汉兵数十名，负责边门启闭和进出人员的稽查。

今天保存较好的柳条边边门，是位于吉林省四平市铁东区山门镇布尔图库边门，旧称布尔图库苏巴尔汗门，又名半拉山门。布尔图库边门的衙门还保留得很好，现有兵丁办公用的3间堂屋、1间耳房，门楼及围墙等建筑。1987年10月，吉林省人民政府公布布尔图库苏巴尔汗边门衙门遗址为第四批重点文物保护单位。

一般提到长城，不少人认为清朝停止了长城的修建。几乎每次长城讲座，都会有人提出这个观点，可见其已经深入人心。人们最常引用的是康熙的话："秦筑长城以来，汉、唐、宋亦常修理，其时岂无边患？明末我太祖统大兵长驱直入，诸路瓦解，皆莫敢当。可见守国之道，惟在修德安民。民心悦则邦本得，而边境自固，所谓'众志成城'者是也。"

康熙对这个观点，做过多次表达。《清圣祖实录》中他还说过："昔秦兴土石之工，修筑长城。我朝施恩于喀尔喀，使之防备朔方，较长城更为坚固。"还有"本朝不设边防，以蒙古部落为之屏藩"等。其实，清乾隆年的《宣化府志·兵志》清楚地记载着张家口边门大口的职责及其通行的规定："凡京城奉差人员及外藩蒙古札萨克、军营种地坐台人等进出，俱照验兵部、理藩院及各该管大员勘合火牌印文，验明记档，由大境门放行。"边，即柳条边。

康熙讲不修长城的这段话是在康熙三十年（1691）针对古北口说的，他说："如古北、喜峰口一带，朕皆巡阅，概多损坏，今欲修之，兴工劳役，岂能无害百姓？且长城延袤千里，养兵几何方能分守？"这并不意味着清朝在需要的时候不考虑使用长城。清朝也修建和使用了长城，只是明代长城修建得很好，清没有必要多修建长城了。

清朝时不再大规模修建长城，不仅是统治者的认识问题，主要还是历史发展到这个阶段的必然。康熙二十九年（1690），康熙征伐准噶尔之后，于次年率诸王、贝勒、大臣至多伦诺尔（今内蒙古多伦），约内外蒙古来此会盟，为其划定疆界，制定法律。为喀尔喀蒙古诸部编制盟旗，标志着北部蒙古接受了清朝的管辖，并开始走向牧业定居化管理的历史时期。

发展定居农业、推行喇嘛教、实行盟旗制度，都是社会经济发展到这个阶段的结果，康熙皇帝顺应了这个大趋势。游牧经济走向定居是游牧民族与农耕民族走上融合和认同的基础，在这样的基础上，双方没有了巨大的利益冲突，长城的军事防御也就随之弱化了。农耕政权防御游牧军队的长城，失去了强大的防御对象，军事意义也就没有了。

清朝不再继续大规模地修建长城虽是进步，但主要是历史发展的客观需要所致。不能因此否定其他时期修建长城的做法，更不能因此得出清朝不修长城是开放，其他朝代修建长城是闭关锁国的错误结论。

中国真正的闭关锁国，应该主要指的是清朝。这个时期错过了航海时代及随之而来的工业革命，也是这个时期，东方经济领先于西方的世界格局被颠覆。作为东方大国的中国不仅开始彻底落后于西方，而且沦为任人宰割的半殖民地。

第八节　专栏：闯关东

提到柳条边就不能不说一说闯关东，这个"闯"字很有名堂。

闯关东是山东、河北一带的农民，在老家实在过不下去了，为了谋生计到东北去淘金、种地。闯关东之所以需要闯，源自清朝利用长城和柳条边实行满禁和蒙禁，不允许汉人出长城去辽东。闯关东是在挑战谁？严格地说在封禁时期挑战的是王朝的管理，开禁之后挑战的是自己。

一个人或是一家人，离乡背井到一个完全陌生的环境生活是需要很大勇气的。前些年电视剧《闯关东》非常火爆，好像打开电视随便哪个频道都在播老朱家从山东闯关东到东北的经历。这部电视剧还带火了济南的朱家峪，这里是这部电视剧中老朱家祖居之地。他们一家子就是从这里走上了远离山东、闯荡东北的历程。印象最深的是到了东北，朱开山和妻子两人下意识地对视了一眼，双方的眼神里都有一种对陌生之地的恐惧。

闯关东有山东人、河北人、河南人，但以山东人居多。山东和东北的联系渊源颇深，特别是山东半岛和辽东半岛，两大半岛互为犄角拱卫着渤海，保护着京津冀地区的安全。中国最早的两艘航空母舰，一艘被命名为辽宁舰，另一艘被命名为山东舰，可见这两大半岛的战略重要性。从山东闯关东分为两路，一路是走陆路，另一路是走海路，海路就是冬天渤海结冰之后，从山东半岛经过冰面穿越到辽东半岛。

从康熙朝起，东北就成了禁地，中原汉人被严格限制前往，史称满禁。在山西、陕西长城实行的封禁，史称蒙禁。清朝实施"禁关令"，虽然阻挡住了汉人出关的合法途径，但是并没有彻底止住北方流民越过长城的步伐，从中原非法前往东北一带谋生的民众，仍然千方百计地闯向关外。

《圣祖仁皇帝圣训·圣治》记录，在康熙五十一年（1712）的上谕中称，仅山东流民到长城之外的就有10余万人。《简明中国移民史》记载，估计乾隆四十一年（1776）时，由华北越长城迁移到东北地区者（含已经变更流民身份定居关东者）多达180万。这种情况是前所未有的，到了乾隆年间，清朝不得不默许一批意志坚决的农民向关外迁徙。蒙禁也在这个时候有所松动，在陕西长城外出现了被称为伙盘地的农耕村庄。

《清高宗实录》记载，乾隆在奏折的批复中说："若仍照向例拦阻，不准出口，伊等既在原籍失业离家，边口又不准放出，恐贫苦小民愈致狼狈。著行文密谕边口官弁等，如有贫民出口者，门上不必拦阻，即时放出。但不可将尊奉谕旨，不禁伊等出口情节令众知之，最宜慎密。倘有声言令众得知，恐贫民成群结伙投往口外者，愈致众多矣。"清朝实行边禁政策的同时，对长城各关隘的贸易也采取了很多积极措施。

清朝末年，黄河下游一带连续多年遭受灾害，农民颗粒无收，社会上流民的数量飙升。为谋生路，不顾朝廷禁令、冒险进入东北的人越来越多，这就是著名的"闯关东"。清廷不得不放开满、蒙禁。光绪二十八年（1902），清朝停止执行限制汉民移居长城外的"边禁"政策。实施了二百五十多年的"边禁"解禁之后，清在内蒙古实施了放开长城各关口的新政，允许长城内的汉民自由出入草原，从事农业生产和商贸活动。首先开放的是察哈尔、乌兰察布等西部地区，继而开放了昭乌达、哲里木等东部地区。

在介绍闯关东的时候，有人曾经问过我，山东是华东中唯一的北方省份，遇到灾年为什么不去温暖适宜的南方，而非要去天寒地冻的东北？我认为主要是因为北方人和南方人的生活习惯和文化差异较大。一方水土养一方人，东北的生产生活环境与山东更接近。

北方种麦子，南方种稻米，山东人祖祖辈辈种小麦吃面食，去南方肯定是不习惯的。山东人举家搬迁，去南方可能走的路太远，关外的东北距离山东最近。再加上东北地广人稀，肥沃的黑土地更适合农耕开荒；而南方的土地都在别人的手里，没有足够多的土地让人开垦。

有了一批又一批的开拓者，闯关东迁往东北已经形成了潮流。中国人从小就相信"在家靠父母，在外靠朋友"的道理。人到了一个完全不同的环境，对社会和对未来都会感到恐惧。有了亲戚或熟人在东北，他们已经定居站住脚了，对新来的亲戚和朋友会提供照应。再加上各地"十里不同风，百里不同俗"，老乡们聚到一起风俗一致，一来二去就形成了"闯关东"这种迁徙现象。

第三章

华北平原长城

大约在距今1.3亿年前,华北平原还沉浸在海里,地表之上是一个海湾。那时候的海岸线,西边大致在今天的太行山脉东麓地区。华北平原最初形成于距今260万年以前。地貌经过不断地改变,最终成了今天华北平原的模样。

华北平原是中国三大平原之一,另外两个平原一个是上一章所介绍的长城密布的东北平原,另一个是虽然没有长城却也是长城保护对象的长江中下游平原。华北平原是中国人口最多的平原,地理范围北到燕山南麓,西靠太行山,南抵大别山的北侧。燕山、太行山、大别山都有长城分布。

华北平原东临渤海与黄海,总面积约30万平方千米。这个平原约占全国陆地总面积的3.1%,今天依然居住着近全国总人口四分之一的3.39亿人口。华北平原是中国第二大平原,面积广阔、地势低平,海拔一般在50米以下。历代总共有三个朝代的长城与大海拥抱,都在华北平原,一处是山东青岛的战国齐长城入海处,另两处是河北秦皇岛山海关附近的北齐长城和明长城老龙头入海处。

从纵向地势上看,华北平原中间高南北低,这是河流冲击形成的结果。华北平原是典型的冲积型平原,由黄河、淮河、海河、滦河等上百条河流,长期裹挟的大量泥沙沉积而成。华北平原是中国最大的农业种植地区，平均年降水量为500～900毫米，加之纵横交错密布的河网，非常有利于农业发展。

华北平原是开发比较早，人为活动影响比较大的地区。早期文明的中心虽然不在华北，但进入夏朝与商朝之后，随着农耕文明的发展，华北逐渐成为统治主体，华北平原的重要地位也逐渐显现出来。我的北大师兄韩光辉是研究古代北京及华北人口的，他告诉我，西汉时期"全国的总人口约有5 959万人，华北平原就有将近3 000万人，基本占了当时中国人口的一半左右"。这个数据令我很震撼，古代农耕社会完全依靠农业土地的收成，华北平原有如此多的人口，由此可见，华北平原是主要的产粮地区。

因此，华北平原北部区域是农耕王朝长城设防的重点，战国赵、秦汉、北齐、明代均在此区域修建长城。华北平原自古就是传统农耕地区，明代将都城移到北京后，华北平原的战略地位显著提高。明长城九镇中的蓟镇、宣府镇、大同镇、山西镇都修建在华北平原。

第一节　胡服骑射与战国赵长城

战国时，赵国北部主要有林胡、楼烦和东胡，合称"三胡"。赵国水草丰美的北部地区与三胡的驻牧地相邻，常常需要面对他们向南发展。而且这一时期的游牧民族由先前互不统属的部落，逐渐

战国赵长城遗址（作者 摄）

趋于局部聚集，在相当大的地域范围内形成较大的部落联盟。

  赵北长城有两道，分别由赵肃侯和赵武灵王所筑，均用于防御东胡。赵肃侯还筑有一道南长城，用于诸侯国之间的防御。赵武灵王时，赵肃侯所筑的北长城已属赵国内地。赵武灵王胡服骑射之后驱胡攘地，势力北进至今内蒙古大青山一带，并在此修筑长城。

  赵肃侯所筑北长城的起讫点、修筑时间等，文献的记载较为混乱。长城位置大致在飞狐口、雁门关一线。《史记·赵世家》引《山西通志》记载："赵长城从蔚州北西至岚州北,尽赵界。"寿鹏飞的《历代长城考》认为,赵肃侯所筑北长城的西段,从"平刑、北楼、宁武、雁门、偏头诸关以至河曲"。

赵武灵王是赵北长城真正的缔造者,也是提到长城离不开的一个人物。他的一生很传奇,我概括为"生的伟大,死的窝囊"。赵武灵王嬴姓赵氏,名雍,死后谥号武灵。赵武灵王在位时发奋图强,勇于变革,身体力行地倡导改穿胡服、学习骑射,极大地加强了国防力量。任何改革都会遇到阻力,胡服骑射一开始也遭到了抵制。这引发了一场很严重的争吵,赵武灵王一双眼睛死盯着众大臣,最后让大家在要脑袋还是穿胡服之间做出选择。

胡服骑射从形式上看是一次服饰改革,更是军事史上的一次革命。《史记·匈奴列传》记载："赵武灵王亦变俗胡服,习骑射,北破林胡、楼烦。筑长城,自代并阴山下,至高阙为塞。而置云中、雁门、代郡。"赵武灵王二十六年(前300),赵国"复攻中山,攘地北至燕、代,西至云中、九原"。胡服改革成功之后,赵国军队先打败林胡、楼烦,后又攻灭了中山国,占有今河北北部、山西北部和河套地区。

相对农耕文明来说,游牧文明的生产效率相对低下。他们长期过着放牧和打猎的生活,从小就擅长弓箭骑射。骑在马上射箭比站在平地上难度要大多了。古代人常用"一箭之地"来形容距离,一般来说,古人每箭的距离为一百三十步左右。《续文献通考》

记载:"周以八尺为步""秦以六尺为步",一步约为1.38米,那么一百三十步,相当于180米左右。所以,游牧军队的强悍加上高机动性的骑兵,对尚以步兵为主的中原军队具有压倒性的优势。赵武灵王的胡服骑射使这一被动局面得以改变。

战国时期,秦国、赵国、燕国三个北方诸侯国中,赵北长城是防御游牧民族的长城中修建时间最早的。赵国之所以能做到时间最早,主要是因为赵国最先采取胡服骑射的政策,解决了对游牧骑兵作战的劣势。赵国的胡服骑射给中原各诸侯国开了很好的头,各国纷纷效仿。王国维在《胡服考》中评价说:"武灵王以后,故皆用其冠、带。知战国时之服胡服,不限于赵国矣。"

好景不长,赵国迅速走了下坡路。《史记·赵世家》记载:"(赵武灵王)二十七年五月戊申,大朝于东宫,传国,立王子何以为王。"武灵王自号为主父,"欲令子主治国,而身胡服将士大夫西北略胡地,而欲从云中、九原直南袭秦"。结合《史记·匈奴列传》的记载,赵武灵王筑北长城,当在武灵王二十六年(前300)和二十七年(前299)之间。

赵武灵王废太子章,传位于幼子何,即赵惠文王,此举激化了宫内的争权斗争。赵惠文王四年(前295),武灵王、惠文王住在沙丘宫。一场争权夺势的宫变之后,公子成调兵围沙丘宫三月有余。他知道自己离成为赵王,只有一步之遥了。一世英雄的武灵王就这样被活活饿死宫中,史称这次兵变为"沙丘宫变"。

对于赵国而言,这场宫变没有成功者。每次想到赵武灵王,我仿佛都能见到他脸色冷漠的样子。这次宫变的最大受害者不是赵武灵王，也不是仅当了四年赵王的惠文王。这位年仅14岁的赵王对自己的大哥还是有感情的，最后也只能呆若木鸡地被哥哥杀掉。他的命运肯定很不幸，最大的受害者是赵国，从此之后的赵国再也没有过赵武灵王时期的辉煌。

关于赵武灵王所筑北长城的走向和位置，《史记》中仅《匈奴列传》记录了"自代并阴山下，至高阙为塞"一句。赵国自代地的一段长城，因战国以后长城修筑状况混乱，至今仍未搞清楚。沿着阴山至高阙的一段，后世记载较多，基本情况也较清楚。《水经注》载："其水又西南入芒干水。芒干水又西南径白道南谷口（今呼和浩特西北），有城在右，萦带长城，背山面泽，谓之白道城。"郦道元文中所提"水"即黄河，黄河边的这道长城疑为赵武灵王所筑。

国家文物局《关于内蒙古自治区长城认定的批复》认定，赵国北长城主要分布在内蒙古自治区。东起乌兰察布市兴和县，经察哈尔右翼前旗、集宁区、卓资县，呼和浩特市赛罕区、新城区、回民区、土默特左旗，包头市土默特右旗、河区、石拐区、青山区、昆都仑区、九原区，西迄巴彦淖尔市乌拉特前旗。

第二节　白登之围与秦汉长城

《后汉书·乌桓鲜卑列传》载："天设山河，秦筑长城，汉起塞垣，所以别内外，异殊俗也。"华北平原有战国时期修筑的赵北长城和一部分燕北长城，秦始皇万里长城是在这些战国时期长城的基础上修建起来的，而汉代长城也是利用了秦始皇长城。所以华北平原上的秦汉长城在很多地方都与战国时期的赵北长城和燕北长城相叠压。但是也要注意，对这些长城遗址，在没有新的考古证据的情况下不宜做出断代的过度解读。

我多次去张家口的张北县考察秦汉长城，都是长城专家胡明陪同。实地考察发现，秦汉时期的长城大多为汉长城叠压在秦长城之上，是有依据的。我们到鱼儿山去考察过，这是一座并不很大的山，南北长1 750米，东西最宽处也就700米，大部分地方海拔低于1 800米。张家口的坝上、坝下是一个地理概念。在华北平原和内蒙古高原交接的地方，地势陡然提升起来的地方，被称为"坝头"，鱼儿山就位于"坝头"处。鱼儿山特殊的地理位置决定了其军事地位的重要性，其北是内蒙古高原，其南是华北平原。长城就修建在坝上的坝头位置，成为草原与农耕地带的分界线。

考察时，我们爬上鱼儿山坝顶的烽火台，测量其海拔高度为1 850米。这里是连接草原与中原的重要通道，远古以来即为兵家必争的交通要塞。张北县域内发现的108千米长城，初步认定有战国、秦、汉、北朝、金、明等多代长城。在一个县的范围内有这么多朝代的长城并不多见，因此，张北县的长城遗址对长城研究具有标本意义。

在河北张家口的其他地区还有东汉时期的长城，目前还没有引起学术界更多的注意。东汉光武帝刘秀，在对内实行政治改革的同时，对匈奴也采取了积极的防御措施。据《后汉书·王霸传》记载："是时卢芳与匈奴、乌桓连兵，寇盗尤数，缘边愁苦。诏霸将驰刑徒六千余人，与杜茂治飞狐道，堆石布土，筑起亭障，自代至平城，三百余里。"

飞狐口是飞狐道最狭窄的地方，位于今天河北蔚县和涞源县交界处，是一个地形险要的山隘关口。飞狐口南北方向有一条长约60千米的狭窄山谷被称为"飞狐陉"，为著名的太行八陉之一。楚汉相争的时候，刘邦的谋士郦食其就基于飞狐口战略地位，建议刘邦派兵据守。到东汉的时候，光武帝两次派兵修治飞狐道，加强对匈奴的防御。

长城过了张家口继续向西进入山西大同境内。西汉时，在华北平原发生了著名的白登之围，白登山就在大同阳高县。

秦始皇死的那一年，匈奴也发生了一件大事，头曼单于被他的儿子冒顿杀死了。冒顿为了谋划这件事，首先把自己的亲兵训练成一支完全听命于自己的军队。他用一种叫做"鸣镝"的响箭指挥士卒，下令说无论自己的响箭射向哪里，所有人必须射向同一个目标，违令者斩。

冒顿先后用自己心爱的坐骑、最宠爱的妻子来测试，那些没有执行命令的人全部被处死了。如是几次，士卒们形成了条件反射，都会在第一时间向鸣镝所指的目标射出自己的箭。

冒顿非常高兴，他在等待一个时机的到来。公元前209年的一天，头曼单于叫冒顿随他出去围猎，路上冒顿悄悄掏出了一支响箭射向了父亲。冒顿的士兵条件反射一样，众箭齐发，射向头曼单于。英雄一世的头曼单于，生命结束在一片箭雨之中，一个时代落幕了。

刘邦立国之后，也曾想对匈奴的侵扰进行坚决的抗击。高祖七年（前200），匈奴"引兵南逾句注（今山西代县北），攻太原，至晋阳下"，刘邦亲自率32万大军北逐匈奴。匈奴假意示弱，刘邦中计，被冒顿40万骑围困七天七夜，无力解脱，最后不得不遣使以厚礼疏通冒顿阏氏。冒顿听取阏氏之言，解开包围圈之一角，刘邦及汉军才得以脱围。

按理说匈奴应该是射人先射马，擒贼先擒王，直接打败汉军再说。实际上，匈奴并没有要消灭汉朝的计划，没有对中原经济进行彻底破坏的预谋。相反，他们是想长期持续不断地从中原获取农业、手工业产品。他们时常背约劫掠边郡，是为了迫使汉朝每年按时将各种农产品、手工业产品运送到匈奴的王庭。

白登之围过后，汉朝许以宗室女嫁给单于做阏氏。这种和亲是汉朝统治者与少数民族首领之间具有政治目的的一种联姻。和亲基本与长城地区的关市、榷场、茶马互市的措施一样，都是协调民族矛盾和冲突的手段。

汉高祖遭遇白登之围后，深知无力彻底解决匈奴的威胁，故采取和亲政策来缓解与匈奴的冲突。之后吕后、文帝、景帝直到武帝初年，都采取了与匈奴和亲的政策。但和亲并不能完全解决双方的矛盾。匈奴时有背约，入塞骚扰。文帝三年（前177），匈奴右贤王就入居"河南地",侵扰上郡。因此,汉朝从未放弃用长城来构建农牧双方的秩序。

秦汉长城在华北平原主要位于河北省境内,基本处于遗址状态。根据国家长城资源调查成果认定,河北境内的秦汉长城东起承德市平泉市(县级市),经承德市承德县、双桥区、鹰手营子矿区、兴隆县、双滦区、隆化县、围场满族蒙古族自治县、滦平县、丰宁满族自治县,张家口市沽源县、赤城县、崇礼区,西迄张北县。内蒙古自治区境内也有汉长城分布,主要是黄土夯筑而成,有些地方也有壕堑的形式。

第三节 "英雄天子"所筑的北齐长城

汉朝灭亡后,经历了三国时期六十年的分裂,西晋短暂的统一之后,游牧民族南进,晋室东迁,北部及西南地区由少数民族先后建立了十六个政权,此后就是南北朝时期。从魏晋开始的这个历史时期,多被史家称为中国历史上的"乱世"。乱到什么程度?短短的一百多年,战火连绵不绝,战争造成人民生活灾难重重。

南北朝到元这一时期,不少朝代修建过长城。南北朝中的北朝包括北魏、东魏、西魏、北齐和北周五朝,为鲜卑人或鲜卑化汉人建立的政权。其统治区包括农牧交错的长城区域,所以或多或少都修建过长城。鲜卑族首领拓跋珪建立北魏,北魏是南北朝时期北方

《北史·齐本纪》中还记载这次修长城的另一件事，天保六年（555）三月，"发寡妇以配军士，筑长城"。哪里会有如此多的寡妇？其实有很多是将有夫之妇，以寡妇的名义被征去配给军士。这一点《北齐书·帝纪第四》记载得很清楚，天保七年（556），高洋"发山东寡妇二千六百人以配军士，有夫而滥夺者五分之一"。

我能想象得到，这些被抓来的有夫之妇走路都在颤抖的样子，她们一定被吓坏了。魏晋时期开始实行的"士家寡妇配嫁制"，带有很强的游牧民族"转婚制"色彩。当时实行军户世袭制度，老婆孩子随军一起生活。军人战死之后，朝廷做主将寡妇配给无妻士兵一起生活。她们中的一些人或许还期待着有可能回家与亲人团聚，但大多数人应该对这一目标不抱幻想了。

高洋前后筑长城四千里，屡次击败柔然、突厥、契丹，拓地至淮南，被突厥可汗称为"英雄天子"。但其执政后期纵欲酗酒、残暴滥杀、大兴土木，最终饮酒过度而暴毙，年仅34岁。除了留存至今的长城遗址，在河北邯郸邺城遗址发现的北齐皇帝高洋墓的壁画艺术也很精彩，特别是表现高洋皇帝出行场景的墓道壁画，体现了当时宫廷绘画的最高水平。这座墓的墓室多次被盗，仍出土了2 000余件文物。高洋热衷佛教，著名的响堂山石窟就是他在位期间初凿的，此后隋唐等各代均有增凿。

我的家乡秦皇岛境内还保留着一些北齐长城遗存，其大致走向经过山海关区第一关镇、石河镇，海港区北港镇、石门寨镇，青龙满族自治县祖山镇、肖营子镇。北齐长城主要是石砌，保存状态已经很差了。北京以东的北齐长城遗址已经很少，主要是被明代修建蓟镇长城利用而覆盖。

依据2012年国家文物局关于辽宁、北京、河北、山西等省（直辖市）长城认定的批复，可知现存北齐长城遗址，主要分布在以下地区：

辽宁省内分布于葫芦岛市绥中县。

北京市内东起平谷区，经密云区、怀柔区、延庆区、昌平区，西迄门头沟区。

河北省内东起秦皇岛市山海关区，经抚宁区、青龙满族自治县，迁安市，承德市承德县，张家口市赤城县、崇礼区，西至蔚县。

山西省内北齐长城分为两条线，第一条线东起大同市广灵县，经浑源县，朔州市应县、山阴县，忻州市代县、原平市、宁武县、神池县、五寨县、岢岚县，西迄吕梁市兴县；第二条线东起大同市左云县，经朔州市平鲁区，西迄忻州市偏关县。

第四节　那年燕云十六州

几乎所有研究或介绍长城的书，都会提到燕云十六州。这个古代地理名称，指的是北方以幽州（今北京）和云州（今山西大同）为中心的十六个州所辖的地域，也称幽云十六州。大致相当于今天

山西北齐长城（董旭明 摄）

山西岢岚宁家岔北齐长城（董旭明 摄）

的北京、天津两市全境，加上河北和山西两省北部的长城地区。

有一个名字始终和燕云十六州联系在一起，这个人就是石敬瑭。天福是后唐河东节度使石敬瑭反唐自立为后晋皇帝后的第一个年号。他为了让契丹出兵支持自己，认辽太宗为父并于天福三年（938）将燕云十六州割让给了契丹，辽国的疆域因此扩展到了长城区域。不论是秦汉长城还是北齐长城内外，至此都被契丹人建立的游牧政权所控制。此后的中原政权都曾努力想收复燕云十六州而不得。

这个地区北高南低，有太行山山脉和燕山山脉横跨。境内的桑干河和拒马河河域既是古代农耕文明与游牧文明的天然分界线，也是农耕政权防御游牧势力的屏障。

燕云十六州在阻挡北方游牧政权南下方面，起着重要的作用。这个区域是北方游牧军队进军中原的必经之路。中原政权拥有了燕云十六州地区，便可以修建长城，阻挡游牧骑兵的南下扰掠。中原军队虽然也有骑兵，但是和擅长骑射的游牧骑兵相比，毕竟还是有很大的差距。有了燕云十六州，北方的游牧军队就很难进入中原。没有了燕云十六州的屏障，北方游牧军队就可以长驱直入。

辽军和后来的金兵，依托燕云十六州可以直接攻打到黄河下游，甚至打到长江流域。可见对于北方游牧政权来说，占领了燕云十六州有多么重要。他们以此为基地进攻中原就变得十分便捷，大军也不必为后备物资不足而担忧。契丹以答应出兵帮助石敬瑭立国为名，让石敬瑭将燕云十六州作为谢礼割让给了辽国。契丹人趁着五代十国的中原内乱获得了燕云十六州,这使得后来的北宋失去了北方长城地区的屏障,在战略上已经处于极端的劣势,长期处于很惨烈的挨打局面。

两宋时期,也曾多次想通过赎买和进攻的方式,夺回燕云十六州的控制权。宋太祖赵匡胤在结束五代十国以来的军阀混战之后,为了赎买燕云十六州还专门设置封桩库,但没有成功。宋太宗赵光义为了夺回燕云十六州,还和辽军打了仗,最后也是以宋军大败告终。雍熙三年(986),宋太宗北伐辽国试图收复燕云十六州,人们熟知的杨家将杨业就战死在北征契丹的战斗中。杨业不是农耕王朝与游牧军队打仗战死的第一位将军,也不是最后一位,为什么如此被人们所纪念?其实宋太宗给予他"忠武"的谥号就最说明问题。相传,北京密云的古北口,有一座辽代修建的杨令公祠堂。

宋朝衰弱了之后,慢慢也就放弃了收复燕云十六州的打算。北宋长达一百多年的时间,也没能收复这个兵家必争之地,这是北宋历代君王的遗憾。放弃夺回燕云十六州,成为北宋走下坡路的标志。此后的北宋更是陷入了军事和外交的困局而节节败退。

宋朝对辽国始终硬不起来,辽国后来的衰落与宋朝基本没有任何关系。辽国境内生活在白山黑水中的女真人崛起了,女真部落首领完颜阿骨打创建了金国,联手北宋一起攻打辽国。金军对辽军作战可以说是势如破竹,北宋军队的战斗力却很稀松。辽军被金军打得丢盔卸甲,翻过手来却把占有绝对人数优势的宋军打得一败涂地。

辽国被灭掉后,辽军残部被耶律大石带到西域建立了西辽。按照金与宋的协议，攻灭辽国之后，北宋将获得燕云十六州。女真人不但没有将燕云十六州还给北宋，而且在看到北宋军队的战斗力极差后，决定连北宋一起灭掉。靖康之役，北宋徽钦二帝和众皇室成员都被金人抓走了。皇子赵构侥幸逃到南方，被拥立为帝，开启了南宋的统治。直到13世纪，蒙古人崛起打败了金和宋，才将燕云十六州与中原重新统一了起来。

第五节　胜景集聚的明长城蓟镇

明长城蓟镇东起山海关，西至居庸关，主要作用是拱卫京师。如今，经修复开发，成为誉满中外之旅游胜景的山海关、九门口、喜峰口、黄崖关、金山岭、古北口、慕田峪、八达岭等处长城，在明朝时均属蓟镇所辖。

蓟镇长城东边的起点——山海关，今属河北省秦皇岛市。秦皇岛是全国唯一一个与皇帝称号有关的城市。公元前215年，也就是秦始皇开始北征匈奴修建长城那年，始皇东巡碣石，来到渤海岸边的这座小岛，这个地方便被后人称作秦皇岛。秦皇岛位于燕山山脉的最东端，山海关就修建在燕山与渤海交界最为狭窄的地方。山海关城这座山海之间的城池，从地形上来说，往南是大海，往北是高山。东西两面都是一马平川，山海关正处于这样的咽喉之地。秦皇岛山海关的得失至关重要，很多影响中国历史走向的事件都发生在

董耀会60岁时考察山海关三道关长城（作者供图）

这里。

　　蓟镇长城修建在燕山山脉，这条山脉形成于距今21 000万年到距今6 500万年。这个时期中国东部发生了一系列的造山运动，地壳受到了强烈的挤压，形成了连绵的山脉。今天看到的中国地貌，就是这场地质运动所奠定的。因为燕山的隆起最典型也最剧烈，所以地质学家把这一时期的地质运动统称为燕山造山运动。

　　修建在燕山上的长城都很陡峭，很多的地方都是接近甚至超过50度的坡度。数百年前的古人在如此险峻的山上修筑长城，其难度之大显而易见。站在燕山一带的长城上向南俯瞰平原，更加显得长城极为险要。

燕山山脉附近主要的河流是滦河水系。滦河是河北省第二大河流。滦河发源于明长城外河北省丰宁满族自治县巴彦图古尔山的小梁山南麓，流经张家口市沽源县，内蒙古锡林郭勒盟正蓝旗、多伦县，河北承德市滦平县、承德县、宽城满族自治县，唐山市迁西县、迁安市，秦皇岛市卢龙县等地，在唐山市乐亭县南注入渤海，全长888千米，流域面积4.4万平方千米，年均径流量44.23亿立方米。

上面所列举的这些县都是明长城经过的县域，这些县有很多南北流向汇入滦河的大小河流穿越长城。凡是能有河水穿越的地方就能走人走马，长城的关口就要把这些通道封堵住。

燕山山脉的这些关隘，自古即为中原通往塞外之通道。根据《太平寰宇记·河东道》记载："发向中山，经北平、渔阳，向日檀、辽西，历平冈。出卢龙塞，直向匈奴左地，即左贤王所理之地。"卢龙塞是汉时北行出塞进入东北方向的主要通道之一。

明末清初历史地理学家顾祖禹，在其研究历史沿革、战守形势的地理名著《读史方舆纪要》中议论蓟镇军事地理形势时写道："蓟镇为京师左辅。当大宁未彻时，与宣府、辽东东西应援，诚藩篱重地也。自弃其地以与兀良哈，而宣、辽声援绝，内地之垣篱薄矣。嗣后，朵颜日盛，侵肆有加，乃以蓟州为重镇，建置重臣，增修关堡，东自山海西近居庸，延邪千里，备云密矣。"由这段文字中，基本可以了解蓟镇长城在明朝各时期的地位。

蓟镇山海关冰雪龙头（杨东 摄）

  关于明朝设置蓟镇的时间，现在学术界多数观点认为，明长城各军镇的设置，以常设镇守总兵官为标志。

  仁宣时期，蒙古兀良哈三部扰边，明朝开始加强蓟州区域的防御。《明宣宗实录》记载，宣德三年（1428），明宣宗"命都督佥事陈敬充兵官，率领官军于蓟州、永平、山海等处备御"。宣德十年

（1435），明英宗即位后召回了陈敬，派都督同知王彧充总兵官，镇守蓟州、永平、山海关等处。"备御"与"镇守"的区别是：备御总兵官通常是有军事需要率兵前往，事毕即召回；"镇守"则是长期驻守在那个地方。《明史·兵志》记载，蓟之称镇，自嘉靖二十七年（1548）始。学界有观点认为，这一说法是错误的。蓟州设镇时间应为宣德十年（1435），以都督同知王彧充总兵官，镇守蓟州、永平、山海关等处开始。

蓟镇，东自山海关，连辽东界；西抵石塘路亓连口（今北京怀柔区莲花池关），接慕田峪。镇界延袤1 765里（约882.5千米），又分为十二路镇守：山海路、石门路、台头镇、燕河路、太平路、喜峰口路、松棚路、马兰路、墙子路、曹家路、古北路、石塘路。蓟镇总兵初驻桃林口，后移于狮子峪，天顺二年（1458）又移三屯营。蓟镇在没有分出昌平镇和真保镇前，管辖东起山海关老龙头，西至黄榆关（今河北邢台市西北太行山岭）的长城区域，全长3 000余里。蓟镇长城后来分设出真保镇、昌平镇，说明了蓟镇战略地位的重要性。

蓟镇长城有一个很大的特色就是空心敌台密集。空心敌台是修建在长城城墙之上，四面开窗的驻兵敌台。防御的军人住在里面，武器和弹药也储存在楼里。戚继光在《练兵实纪》中记载，在空心敌台修建之前，军士暴立暑雨霜雪之下，无所遮蔽。打起仗来军火器具来不及临时运送，提前运送至城墙上则无处储藏。

为解决这个问题，人们在长城上修建了大量的空心敌台。一般

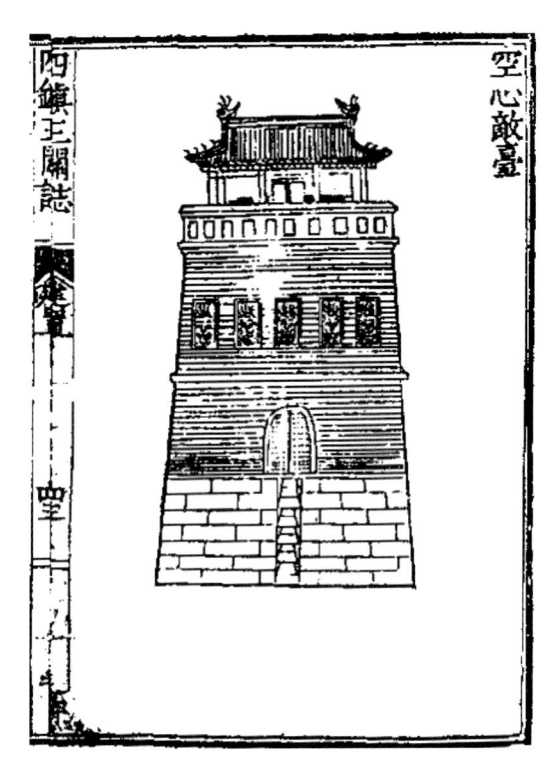

《四镇三关志》中的空心敌台图（作者供图）

不了解长城的人，将有窗户有门的空心敌台称为烽火台。实际上长城上的空心敌台建筑，绝大多数都没有传递烽火的功能。

戚继光所设计的空心敌台"下筑基与城墙平，外出一丈四五尺有余，内出五尺有余，中层空豁，四面箭窗，上层建楼橹，环以垛口，内卫战卒，下发火炮，外击敌人。敌矢不能及，敌骑不敢近"。砖砌的空心敌台有较宽敞的室内空间，极大地改变了长城守军的生活和戍守长城的条件。

戚继光是对长城发展有很大贡献的人，他担任蓟镇总兵时的总

空心敌台密集是蓟镇长城的特色（作者 摄）

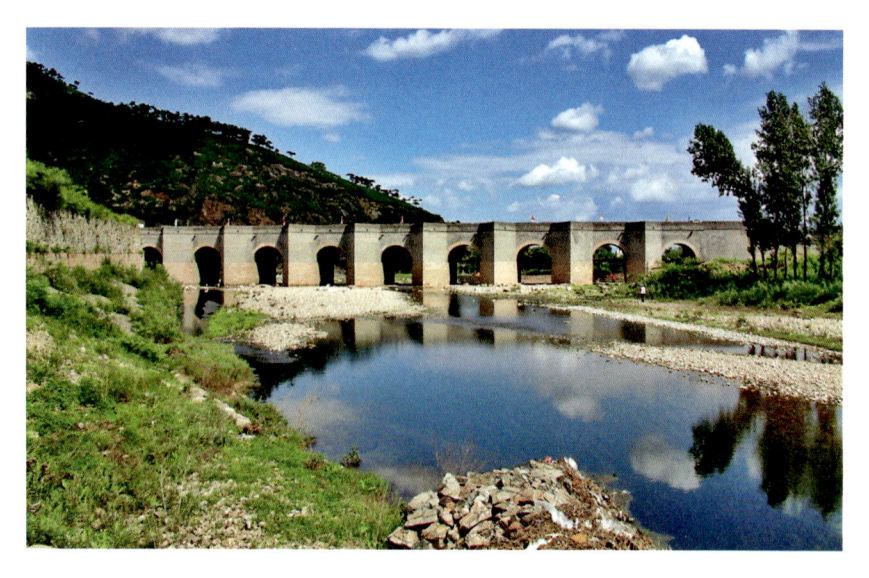

河北与辽宁交界的九门口长城（作者 摄）

兵府，就设在河北唐山市迁西县的三屯营。戚继光是一个极具传奇经历的将领，他的两大功绩一个是在南方抗倭，另一个就是在北方修建长城和练兵，在京津冀长城沿线留下很多戚继光的故事。河北遵化市博物馆保存了一块石碑，是戚继光作的《登舍身台》二首，并附有赋文，碑文：

台在边墙绝顶，贯绳而进，日昃馁甚，戍买胡饼啖之，赋此。

（一）

向来曾作舍身歌，今日登台意若何。指点封疆余独感，萧疏鬓发为谁皤。

剑分胡饼从人后，手掬流泉已自多。回首朱门歌舞地，尊前列鼎问调和。

（二）

断崖垂绠几凭虚，却笑山猿技不如。古戍春残初见雁，故园愁绝冷看鱼。

百年俯仰谁巾帼，五尺涓埃自简书。沙碛传餐君莫叹，边臣应得戒衣袽。

特进光禄大夫左都督总理蓟镇定远戚继光

这两首诗记录的是戚继光登临舍身台之事，表达了其镇守边关、身先士卒的精神。"剑分胡饼从人后，手掬流泉已自多"，多

河北迁西喜峰口关（作者 摄）

么形象地告诉人们一个将军在使命的召唤下，为国为民尽心竭力的忠诚。

蓟镇是明代长城中的一镇，也是万里长城建筑质量最好、最雄伟的一镇。明代修建长城对质量要求是很高的。《明神宗实录》万历四十三年（1615）十一月癸酉条记载，巡按直隶御史李嵩逐条陈述有关长城修治的方案，提到新筑或创修蓟镇的台墙时指出"填务以砖石灌缝，必用灰泥高阔丈尺"。还规定了验收和追责的办法："如式迨工完日该镇协亲用长锥试验，以不入土者为上等，重加优

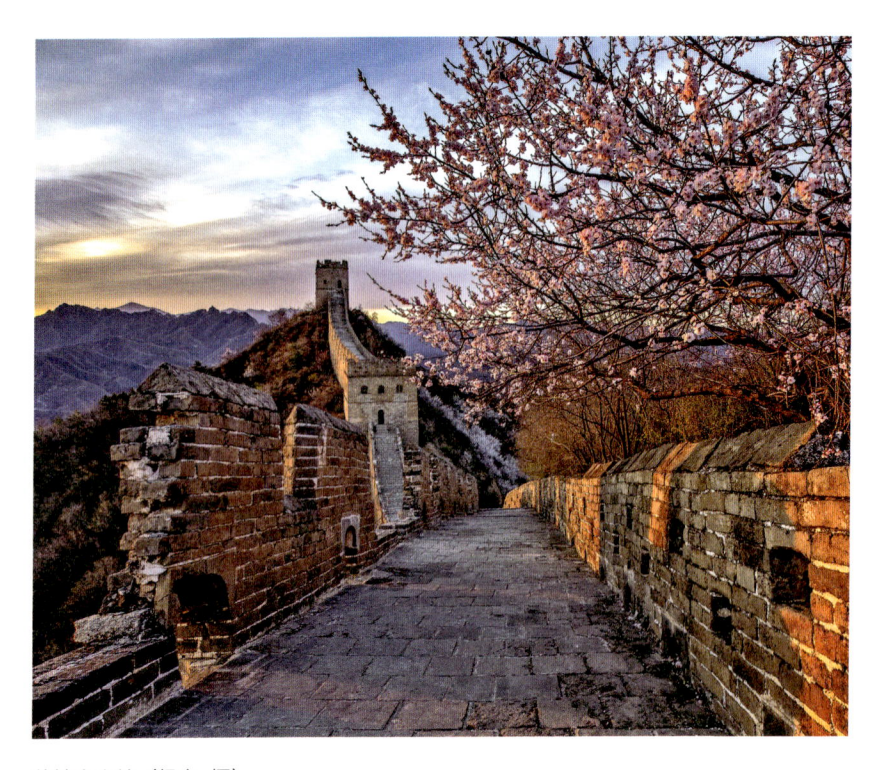

蓟镇金山岭（杨东 摄）

赍，以随下随入者为下等，中千总官当即推打严追工犒，留为异日补修之资。"

《明神宗实录》万历三年（1575）八月丙寅条记载："蓟镇督抚侍郎杨兆以三屯营等处城垣修筑没有按规定执行，参游击边泰、刘龙、王维藩罪有差。奉旨：'边泰革任，行巡按提问刘龙、王维藩各罚俸二个月，损坏边工照例修补，不与廪给。'"只有当时修建的长城质量好，今天站在这样的长城之上，人们才可以很好地感受长城的力量和价值，感受什么叫迎难而上，什么叫勇往直前。

蓟镇金山岭（杨东 摄）

蓟镇黄崖关（杨东 摄）

北京密云古北口将军楼（董旭明 摄）

第六节　从蓟镇拓出来的三镇

明中后期，随着战争防御的需要及形势的不断变化，蓟镇又先后拓出真保镇、昌平镇和山海镇。

真保镇初设于景泰元年（1450），因镇守总兵府驻保定城（今河北保定市）而得名。主要任务是统领直隶保定、真定、顺德，以及河间、广平、大名诸府的军事防御。著名的紫荆关、倒马关明代时都属于真保镇防区。

嘉靖三十年（1551）在蓟镇所辖长城中分出真保镇，根据文献记载，真保镇长城界自紫荆关沿河口，连昌平镇边界，西抵故关鹿路口，接山西平定州界，共达780里（约390千米）。真保镇防区下设四路，各设置分守参将一名统领，分别为：马水口路、紫荆关路、倒马关路、龙泉关路。明万历元年（1573）为加强长城防御，令真保镇总兵于春、秋两防时移驻浮图峪。

昌平镇设于嘉靖三十年（1551）。"庚戌之变"后，为加强皇家陵园的防卫，特设专守都御史一员驻昌平州（今北京市昌平区），掌天寿山陵区的防护工作。《明世宗实录》记载，嘉靖三十年（1551）二月，"自渤海所起至黄花居庸关及白羊口长峪城镇边城、横岭口一带，一切防守事业俱属其经理，参将二员，俱听其调度"。至此，昌平镇正式形成，仍受蓟辽保总督的节制。

昌平镇东北起于黄花路渤海守御千户所慕田峪关东界、同蓟镇石塘路亓连口关接邻，西南伸延至镇边路挂枝庵口南面的浑河左

真保镇紫荆关（杨东 摄）

真保镇倒马关遗址（杨东 摄）

北京怀柔慕田峪长城（董旭明 摄）

烟雨八达岭长城（董旭明 摄）

岸、跟保定镇沿河口（今北京门头沟区沿河城乡西）相望。著名的八达岭、居庸关等地，明代时都属于昌平镇长城防区。

山海镇设于万历四十六年（1618）闰四月。《明神宗实录》记载："初设山海镇。时奴酋犯顺，议者谓宜简大帅据关扼险。乃割蓟镇东协四路属山海关，为一镇。改募入卫边兵四千、并山海路额兵二千，分为左右二营，每营统三千人。左营以原推游击吴自勉充本镇中军兼管山海路事，右营仍驻四路之中，与东协台头营相为犄角。与蓟镇划地分管。操赏等费，亦割蓟三分之一充之。"山海设镇，主要是加强对已经崛起的女真政权的防御。

居庸关全景（杨 东 摄）

山海镇河北迁西董家口（杨东 摄）

山海镇河北迁西董家口（杨东 摄）

第七节　见证土木之变的明长城宣府镇

明代称长城为边墙，长城九镇是九大军事防御区，也称为九边。《明史·兵志·边防》记载："敌犯山西必自大同，入紫荆必自宣府，未有不经外边能入内边者，乃请修筑宣、大边墙千余里，烽堠三百六十三所。"这里的外边指的是外长城，内边指的是内长城。

内外长城是明代在华北平原设立的两条长城，内外长城的东分界点在北京的怀柔区箭扣长城，这个地点被称为北京结，西分界点在山西偏关县偏关老营堡丫角墩。明代长城之所以修建内外两条，目的就是为了加强军事防御的纵深。

四海冶堡（北京延庆区境内）至平远堡（山西省天镇县境内）的长城是外长城，因总兵官驻宣化府，故称宣府镇。内长城则是向西经居庸关、紫荆关、倒马关，再经雁门关、宁武关到偏头关。宣府镇为古冀州地，秦汉为上谷郡；辽太宗会同元年（938），后晋石敬瑭割燕云十六州献给契丹后，属辽国；金灭辽后属金；元属中书省上都路；明属京师万全都指挥使司。

顾祖禹在《读史方舆纪要》中论宣府镇地理形势时说："（宣府）司南屏京师，后控沙漠，左扼居庸之险，右拥云中之固，诚边陲重地。"宣府镇历来是兵家必争之地，特别是明朝建都北京之后，宣府镇更是保卫京都、防御蒙古族南下的咽喉之地。

明成祖刚登基的几年里，中原刚经过战乱，故边地防务相对松弛，蒙古族势力得以增长。从永乐元年（1403）到永乐十年（1412），武安侯郑亨作为"备御"总兵官数次被派往宣府，又数次被召回。此时的明朝对蒙古各部落主要采取怀柔政策，同时也在加强边地防务。宣府镇为明长城"初设"边镇之一，如果把宣府镇守总兵官成为常设职务视为"设镇"，根据《明仁宗实录》记载，则宣府设镇时间应为永乐二十二年（1424）。这一年，明仁宗即位，命都督谭广充总兵官"镇守宣府"。从此，宣府镇守总兵官成为常设。

长城守军的任务很重，包括瞭望敌情和燃点烽火传递军事信息。《明史·兵志·边防》称："自宣府迤西迄山西，缘边皆峻垣深濠、烽堠相接。"明嘉靖年间的《宣府镇志》记载："边防去处合设烟墩并看守堠夫，务必时加提调整点，须要广集秆草，昼夜轮流看望，遇有警急，昼则举烟，夜则举火，接递通报，毋致损坏，有误军情声息。"

《宣府镇志》还记载了信息的传递方式和具体规定："凡瞭见鞑贼境外经过，发梆一次，近边发梆二次。拆墙放炮一个，烧柴一垛；入境放炮二个，烧柴二垛；声息紧急，则以渐加添，仍各照记号举旗，兼竖立草人。"这说明在嘉靖年间，传递军情的方式有放炮、燃烟火，还有打梆、举旗、竖草人等。

长城边墩戍守人员的配置，也有明确的规定。《宣府镇志·兵政考》记载："沿边墩台，每墩一座，设立军人五名，夜不收二名，军人专管瞭望，夜不收专管走报声息。每数墩设立管墩百户一员，每十余墩设立提调指挥一员。腹里接火墩大墩冲要处，照依边墩，每墩七名，险固处所，只用军人三名，夜不收二名。"这里说的"夜不收"，指的是防守军队的哨探，在长城前沿配备"夜不收"是增强军事信息的采集能力。

宣府镇长城的敌台，有一个很大的特点就是下半部分是实心结构，上半部分为空心结构。嘉靖版《宣府镇志·亭障考》称这样的建筑为罗汉大墩，其体制与空心敌台差不多，但是建造成本却比空心敌台少很多。文献记载其尺寸"每座一面根阔五丈，顶收三丈五尺，身高三丈，上加女墙五尺，下半截实心，平高一丈五尺，收顶四丈，每面五丈，周围二十丈"。

在宣府镇发生过一件震惊朝野的事件，这就是土木之变和随之而来的北京保卫战。正统十四年（1449）七月初，也先率瓦剌军大举南下，攻打宣府和大同两镇长城。当时权倾朝野的司礼监太监王振，蛊惑明英宗朱祁镇率军亲征蒙古，结果英宗被俘。兵部侍郎于谦等主战派主张坚守北京城。于谦被临危受命接任兵部尚书，全权负责北京保卫战。于谦先采取诛杀宦党行动，将罪魁祸首王振及其党羽抄家，打击了宦党的嚣张气焰。同时抓紧整顿军务，并采取了一系列措施加强战备。朝廷改立朱祁钰为新帝，尊英宗为太上皇。新帝登基后急调各路大军进京勤王，各路大军赶到之后，北京明军的兵力在数量上超过了蒙古瓦剌军。

十月，也先和脱脱不花率领部众分三路南进。于谦率22万大军，列阵于京城九门决心背水一战。蒙古瓦剌军几次进攻均被击败

宣府镇实心敌台（杨东 摄）

长城空心敌台的石券门（作者 摄）

长城砖券空心敌台内部结构（作者 摄）

的情况下，也先得知明朝各路援军很快要抵京了，不得不于十五日挟英宗朱祁镇由紫荆关长城撤退。

何日平胡虏，良人罢远征。从十月十一日进攻北京，到十一月八日京城解除戒严，北京保卫战取得了彻底的胜利。第二年，也先主动送回了被俘的明英宗。此后，明朝修建长城的力度便一直处于不断加强的状态。

宣府镇总兵驻宣府（今河北宣化），据历史文献记载，宣府镇管辖的长城东起慕田峪渤海所四海冶，西达西阳河（今河北怀安县）与大同镇接界处，全长1 116里（约558千米）。

第八节　专栏：张库大道

张库大道是一条始于唐朝茶马互市制度的商道，明朝隆庆和议之后有了发展，到清朝中期达到最昌盛的阶段。这条穿越草原、戈壁、沙漠的商道，即便是最辉煌的时候恐怕也是萧瑟的，景色凄凉的冬天就更冷清了。

从张家口出发，通往蒙古国库伦（今乌兰巴托），并继续延伸到俄罗斯恰克图，全长约1 500千米，张库大道一直被誉为"草原丝绸之路"。元朝时期皇帝每年往返大都和上都，都要走这条官道。明代张家口堡是茶马互市的重要场所，来自草原的官市贸易团队也都走这条道。

到了清朝，张家口至库伦的官路是以北京为中心的驿路，张库大道为清朝通往北方的主干线之一。随着中俄《尼布楚条约》《恰克图条约》的签订，张库大道也很快成为中、蒙、俄之间的国际贸易商道。京张铁路和京张公路的修建，使张库大道的贸易更加繁荣。

《俄罗斯对外政策档案全集》记载，19世纪中期，中俄双方在恰克图的贸易额，占俄国与亚洲贸易总额的60%。这条商路运出去的货物主要是砖茶、绸缎、布匹等，也包括纸张和瓷器等工业品，以及粮食。从蒙古、俄罗斯等地运回来的货物，主要是名贵的皮毛和一些土特产。

跑这条商道是一件很不容易的事，张家口民谣《提起个拉骆驼》写出了张库大道赶骆驼人的辛苦和艰难。"提起个拉骆驼，无边无沿大沙窝。白天晒个死，黑夜冻掉两耳朵。莜面拿糕蘸咸盐水，一路凄惶受饥渴。吃不完的苦啊大罪过，别提那拉骆驼。提起个拉骆驼，咯咯叨叨故事多。白毛糊糊起，一步一挪圪塄坡。半截子皮袄当被窝，想完亲娘想老婆。受不完的累啊赖生活，别再提那拉骆驼。"

清代旅蒙商人向草原运输茶叶和其他大宗商品，使用的工具主要是被誉为"沙漠之舟"的骆驼。张家口市的察哈尔历史文化陈列馆，藏有《清同治东口商号来往信稿底册》，其中的"元字第壹拾号书信"记载了张家口晋商雇用骆驼运输砖茶的情况："启者于十五日雇万和盛蒙古脚户舌并家人茉太哎、小七令刀计喇应脚驼工，发去咱巨贞和字号三六真砖茶22箱。"

骆驼胃的容量要比牛的大很多，对植物粗纤维和粗蛋白的消化能力也很高。出张家口后一路向北，很多地方的草地不好，植物蛋白含量少。骆驼可以利用反刍的再循环功能，提高植物蛋白的利用率。另外，骆驼的耐旱性很好，又被称为"旱船"。有水的时候，骆驼一次能饮用上百升的水；没水的时候，可以连续十多天行走不用饮水。

即便是穿过荒漠地带，只要给骆驼的饲料中稍加一点豆饼就可以使它们保证足够的体力。骆驼对环境的适应能力极强，其耐寒性也很强。在低于零下30摄氏度的天气，它们依然可以正常行进。当时，不仅在张家口有着数十万头的骆驼，京城也有很多骆驼。北京城郊很多人家都养骆驼，从新街口到西直门的骆驼队成立了京城最繁忙的交通运输行业。

1904年，西伯利亚大铁路修建通车，从天津到莫斯科的铁路商贸线路开辟出来后，极大地压缩了运输成本。同时，中欧海上交通恢复，陆路贸易被海上贸易取代。在这样的背景之下，张库大道快速衰落了下去。

第四章

黄土高原长城

什么是高原？顾名思义就是地势比较高的地方，指海拔高度在1 000米以上，相对高度500米以上的地区。高原也有高山，但并不是说有高山就是高原。所谓高原，一定要有足够广阔、地势相对平坦的区域。高原地势广阔、平坦是从较大尺度而言的，从小尺度来看，地表很可能就显得高低不平了。高原也有高大的山脉，也有低矮的草原。整体而言，这个地域是一块较为庞大也较为平坦的高地。

黄土高原位于中国内陆的腹地，秦岭横亘其中。黄土高原的边界，北边是长城连接的内蒙古高原，东边是太行山脉，西边是乌鞘岭，南边是秦岭。黄土高原的四至，除了秦岭之外，其他三个方向都有长城。

秦岭以北是关中平原，号称八百里秦川。这里是秦岭北麓渭河的冲积平原，平均海拔只有约500米。关中平原以北为陕北黄土高原，海拔在1 000～2 000米。在陕北考察长城的话，每天看的都是黄土广布、千沟万壑的景观，向南则是陕南山地，一派江南景象。

我们年轻的时候有一首很流行的歌《我家住在黄土高坡》："我家住在黄土高坡，大风从坡上刮过，不管是西北风还是东南风，都是我的歌。"陕北榆林市的正北方向是毛乌素沙漠边缘，和内蒙古鄂尔多斯接壤，所以这里的风很大。如果去陕北，赶上春季扬尘蔽日的大风，便可以体验什么叫"黄风肆虐"。

西北刮来的狂风，摧枯拉朽般肆虐着大地，带走了能带走的一切。最容易带走的是黄土，它们被狂风吹上天空，飘过几千千米之后风速开始下降，黄土最终落到了今天中国的中部地区，日积月累形成了黄土高原。

没有到过黄土高原的朋友，听到这首陕北民歌《信天游》一定会想到黄土高原的诱人景色。"我低头向山沟，追逐流逝的岁月，风沙茫茫满山谷，不见我的童年。我抬头向青天，搜寻远去的从前，白云悠悠尽情地游，什么都没改变。"这首歌描写的季节一定是夏天或秋天，陕北黄土高原的北部处于半干旱地区，夏天的清晨和傍晚轻柔的微风很舒适。

黄土高原的北缘是长城防御的重点。黄土高原由西北向东南倾斜，海拔多为1 000～2 000米，大部分为厚层黄土覆盖。黄土高原上的太行山脉、六盘山均是长城经过的主要山脉，这两条山脉将黄土高原分成三部分：山西高原、陕甘黄土高原、陇西高原。其中，山西高原主要有北魏长城、北齐长城、明代长城，陕甘黄土高原有战国长城、秦汉长城、明代长城，陇西高原则成为战国秦和秦始皇统一之后，修长城防御北方的重点区域。

第一节　金戈铁马的战国秦长城

战国时期，农耕和游牧分界线已经完全形成。这个时期，农耕政权向北扩张修建长城，防御游牧势力的南下以保护既得的土地利益。

2019年5月29日，我带队去甘肃省定西市临洮县调研长城国家文化公园和战国秦长城遗址保护工作。定西市文物局罗宝科局长、临洮县委石琳书记陪同参加调研。在杀王坡长城遗址旁边的土路，有大量战国时期的陶瓦片。石琳书记告诉大家，现在是不让农牧民散养放羊了，过去农民赶上一群羊，出门前要在头羊的身上挂两片瓦。当地老乡说这是一个很古老的习俗。相传在先秦时期，修建长城就用羊运送建筑材料。久而久之便成了一个习俗，人们赶羊上山时要在羊身上驮两片瓦，祈盼一天平平安安。

战国时秦国修建的诸侯国之间相互防御的长城很少，修建防御游牧势力的长城却不少。西北地区新石器时代的马家窑文化（距今约5 000年），主要分布范围就是战国秦长城所在的临洮。从考古发掘来看，当时农业生产已经在马家窑文化占据主导地位，也有一定比例的畜牧业，马家窑文化所处的正是农牧交错地带。

战国时期的秦长城主要是防御西戎，秦国与西戎是爱恨交加的关系。西戎称雄于西部，过着游牧或准游牧的生活。公元前822年，西戎族叛周，周宣王派秦国讨伐西戎，结果秦国的国君秦仲战败阵亡。

甘肃临洮战国秦长城（董旭明 摄）

春秋中后期，秦国西北部与义渠戎为邻。秦国于穆公三十七年（前623）对西戎作战，取得了开地千里的战绩。这是秦国第一次对西戎大规模地采取军事行动，并取得了全面胜利。但是到了秦躁公十三年（前430），义渠戎不但缓过来而且越来越强。义渠戎向秦发起大规模进攻，一直打到了渭水河畔，后被秦军击退。秦国面对义渠戎的进攻，也不得不退出渭河下游。正是这场战争，坚定了秦国对义渠戎采取更大军事打击的决心。

秦孝公十年（前352），秦国打败了魏国之后，国土东部的威胁减弱了不少。而此时正是义渠戎发生内乱的时期，秦国立即出重兵攻打义渠戎，使义渠的军事力量和国家力量都遭到了很大的削弱。秦惠王时期，秦国趁义渠内乱，攻打义渠戎并且灭其国，建立义渠县。秦昭王时期，昭王的母亲宣太后诱杀义渠王，彻底灭了义渠。

距离秦国很近的义渠戎虽然被灭掉了，但北部的其他游牧民族依然是秦国的威胁。秦昭王决定，在义渠故地修筑长城以防御更北边的其他游牧民族。秦在与中原其他诸侯国的征战中，以进攻的姿态居多。面对游牧势力，则在占据了有利地理区域后主要采取了防范措施。此时，由于中原赵国所筑的北长城已经将整个北河囊括于赵长城之内，而位于北河正南方向的秦都咸阳也受到来自赵国的威胁。

文献对秦昭王所筑长城的记载很少。《史记·匈奴列传》记载，秦昭王起兵伐残义渠后，"于是秦有陇西、北地、上郡，筑长城以拒胡"。关于秦昭王筑长城的准确时间，文献也没有明确记载。国家文物局长城资源调查认定，临洮县城北15千米的新添乡南坪村杀王坡是战国秦长城遗址的西端起点。

后来秦始皇修建万里长城，基本利用了战国时期秦国、赵国、

宁夏原州战国秦长城（杨东 摄）

燕国的长城。《史记·蒙恬列传》记载："蒙恬将三十万众北逐戎狄，收河南。筑长城，因地形，用制险塞，起临洮，至辽东，延袤万余里。"很多研究者认为"临洮"，应该是指现在的岷县。

经考古工作者实地考察，战国秦长城有两条，主要分布于甘肃省庆阳市华池县、环县、镇原县，平凉市静宁县，定西市通渭县、陇西县、渭源县、临洮县，宁夏固原市彭阳县、原州区、西吉县，陕西省榆林市神木市、榆阳区、横山区、靖边县，延安市志丹县，南迄吴起县。秦长城在内蒙古自治区也有所发现，南起鄂尔多斯市伊金霍洛旗，经准格尔旗、东胜区，北到达拉特旗。

第二节　为防强秦而修的战国魏长城

战国魏长城的修建依然是为了满足防御诸侯国兼并战争的需要。秦国在战国中后期采取"远交近攻"的大战略，联络距离秦国远的诸侯国，通过加强与远方诸侯国的经贸和文化联系，从而寻求"共同利益"而合作。使秦在攻打其他诸侯国时，他们至少能保持中立。秦国进攻邻近的诸侯国，靠威慑来迫使其割地或直接采取军事行动强取豪夺而获利。

魏、韩两国是"三家分晋"时，由晋国分出来的诸侯。两国都是秦国的近邻，是直接受到秦国进攻的对象。魏、韩两国面临共同的敌人时，正确的做法是放下纷争、联合起来共同应敌。结果两国非但不团结，反而战争不断。对于虎视眈眈的秦国来说，"鹬蚌相争，渔翁得利"。

进入战国的第一个百年，魏国实力强大的时期不需要修建长城。周贞定王二十四年（前445），魏文侯即位，先后任用魏成子、翟璜、李悝为相，实行变法，取得很大的成绩，成为战国初期的强国。魏文侯任用吴起为大将，取得了秦国河西列城，进入了国富民强的发展阶段。魏国还联合韩国和赵国，多次与楚国作战，并多次击败楚军。

韩哀侯二年（前375）之后，魏国先后与韩国、赵国发生战争。连年与这两个诸侯国的冲突，使魏国的实力受到很大削弱。这一时期，魏国由于树敌过多，处于四面受敌的境况。为缓解压力，魏国从武侯后期开始加强防御体系的建设。周烈王五年（前371），魏武侯死后，魏䓨（前344年称王，史称"魏惠王"）继位，继续与韩、赵两国作战。

在魏国与韩、赵两国作战时，秦献公实行一系列改革，使国力有所增强。魏惠王四年（前366），秦出兵向韩、魏联军进攻，大败韩、魏联军于洛阴（今陕西大荔）。接着又于魏惠王六年（前364）深入河东，在石门（今山西省运城西南）和魏军大战，斩首6万级。

魏惠王八年（前362），魏国再次同韩、赵两国发生大战。秦国又趁机向魏国进攻，在少梁大败魏军。此战中，秦国取得庞城，并迫使魏国迁都大梁（今河南省开封）。至此，秦国已严重地危及魏国的西部疆土。

《史记·秦本纪》记载："孝公元年（前361），河山以东强国六，与齐威、楚宣、魏惠、燕悼、韩哀、赵成侯并。淮泗之间小国十余。楚、魏与秦接界。魏筑长城，自郑滨洛以北，有上郡。"《史记正义》注释道:"魏西界与秦相接,南自华州郑县,西北过渭水,滨洛水东岸,向北有上郡鄜州之地,皆筑长城以界秦境。"

魏惠王十二年(前358),为巩固河西之地,魏国派大将军龙贾沿洛水修一道长城,这就是魏河西长城。《水经注》亦引《竹书纪年》载:"梁惠成王十二年,龙贾率师筑长城于西边。自亥谷以南,郑所城矣。"由此可知,魏河西长城应始筑于前361年至前358年。

后来为加强国都大梁的防务,魏国又在大梁以西、黄河以南修筑了魏河南长城。《史记·魏世家》所提到的"(魏惠王)十七年(前353),与秦战元里,秦取我少梁。……十九年(前351),诸侯围我襄陵。筑长城,塞固阳。"可见,由前361年至前351年间,魏曾不断地经营河西防务。

魏国修长城早期是为解决西边的后患,以便全力与韩、赵两国作战。这样可以避免在与韩、赵作战时,还要留出兵力防御秦国,形成两面受敌的局面。魏国修建长城的后期,则是在四面被包围的情况下,主要为了解决来自秦国的强大威胁。魏国长城防御的战略很有效,魏国在修建长城后,虽然多次与韩国、赵国、齐国、秦国发生战争,但还是保住了自己的利益。直到魏国在马陵之战中败于齐国,才逐渐走向衰弱。

魏国在战国初期,已经具有成为一个大国的条件。开始为追求全面的影响力和话语权而四面用兵,甚至一度达到穷兵黩武的程度。结果形势很快发生了变化,魏国四面受敌,处于被多方孤立的窘迫境地。到了这个时候,魏国修建什么样的长城也难以实现安全保障。

2012年，国家文物局《关于陕西省长城认定的批复》《关于河南省长城认定的批复》认定：魏国长城主要分布于陕西省延安市富县、黄龙县、黄陵县，铜川市宜君县，韩城市，渭南市合阳县、澄城县、大荔县、华阴市及河南省新密市。

第三节　农牧相依相融的北魏长城

北魏长城可能很多朋友都不太了解，如果说魏碑体书法，可能大部分人都知道。魏碑就是北魏时期的碑刻，北魏拓跋焘是魏碑体书法的奠基人。拓跋焘推行的楷书，奠定了魏碑书法的基础。北魏为什么会有如此之多的石碑？因为东晋之后佛学大量进入中国。寺庙和石窟的建设过程中，留下了很多碑刻。

北魏长城在长城史中很重要，北魏是古代第一个入主中原的北方少数民族政权。建立正统王朝之后，北魏修建的长城见证了农耕和游牧经济的相依相融。东汉时期匈奴对农耕地区的威胁解除之后，长城外边已经没有了强大的需要防御的对象，所以也就不再重视构建长城防御体系。东汉末年，各种势力在中原和江南区域角逐，北部的军事防御力量也极大地弱化。

到了十六国时期，游牧势力逐渐强大起来，并且向南越过长城，进入农耕地区。鲜卑拓跋部建立北魏，就是在这个背景下成为统一北方的政权。北魏政权建立于386年，太延五年（439）魏灭北凉，完成了北方的统一。这一年是西晋末年以来，经历一百三十五年的十六国分裂局面的结束，也是南北朝时期北朝的开端。

《后汉书·乌桓鲜卑列传》记载了中原王朝视角下对鲜卑人的认识："自匈奴遁逃，鲜卑强盛，据其故地，称兵十万，才力劲健，意智益生。加以关塞不严，禁网多漏，精金良铁，皆为贼有；汉人逋逃，为之谋主，兵利马疾，过于匈奴。"这里所说的"关塞不严"主要是指匈奴被彻底打败之后，没有了强大的防御对象而松弛了长城地区的防御。中原政权在反思的同时，鲜卑人也在反思。

北魏还没有强大起来之前，就已经开始反思游牧族群对农耕区的抢掠问题。《魏书·序纪·神元帝》记载，始祖拓跋力微在讨论拓跋部与曹魏和亲时，对众大臣说："我历观前世匈奴、蹋顿之徒，苟贪财利，抄掠边民，虽有所得，而其死伤不足相补，更招寇仇，百姓涂炭，非长计也。"这样的一席话，表达了鲜卑人也认识到民族冲突的危害，和平安定是游牧和农耕民族的共同期许。

鲜卑族拓跋部建立北魏、进入中原之前，也是农耕民族进行防御的对象之一。当他们成为农耕地区的统治者，其经济类型也转化成以农耕为主体时，逐渐强大起来的北方游牧势力——柔然族的南下攻扰，成为必须面对的新问题。

柔然民族为南北朝时期活动在蒙古草原上的少数民族。中原文献称柔然为蠕蠕。柔然的游牧范围，北为今蒙古国全境、俄罗斯贝加尔湖地区，西面可达阿尔泰山西麓，东至额尔古纳河西岸，向南则在今内蒙古自治区北部与北魏并存。《魏书·蠕蠕列传》记载，势力强盛时其疆域"西则焉耆之地，东则朝鲜之地，北则渡沙漠、穷瀚海，南则临大碛"。柔然部族雄踞漠北，崛起后成了北魏进取中原的后顾之忧。

为此，北魏政权就依照先前中原的传统做法，在其北境以构筑长城的形式，提高防御能力。同时，积极采取军事行动对柔然实施打击。《魏书·太宗纪》记载，泰常八年（423）正月丙辰，"蠕蠕犯塞。二月戊辰，筑长城于长川之南，起自赤城，西至五原，延袤二千余里，备置戍卫"。此长城起自今河北省的赤城，向西至内蒙古自治区巴彦淖尔市五原县境内，限制了柔然的南进。

北魏始光元年（424），柔然6万骑兵攻破长城，攻陷今内蒙古自治区和林格尔县北部的盛乐。盛乐，可以说是北魏的发祥之地。北魏建国称帝，将都城迁到平城（今山西大同）前，这里是他们的都城。

柔然敢于攻打北魏的盛乐城，并且能攻打下来驻有重兵的盛乐城，说明其实力已经比较强大了。为了较好地解决柔然南下的威胁，北魏连续两年大举北伐，试图将柔然驱赶到漠北。

始光三年（426），拓跋焘在西巡五原阴山后，又东巡长川，并在此建马射台，亲自登台观看兵马演练。今乌兰察布市兴和县城西北15千米，民族团结乡大五号行政村南2千米处有一处叫圆山子的地方，就是当年北魏太武帝设"马射台"驰射演兵的地方。神麚二年（429），北魏再度北伐，据文献记载是大破柔然，并将投附的部族安置在大漠以南、长城以北的大草原上。

北魏利用修筑长城和连续的武力征伐，实现了对北部边疆的有效防御和控制。长城建起来之后，并没有彻底解决来自柔然的威胁。游牧在北方草原的柔然部族需要通过南下抢掠，解决生产生活所需物资短缺的问题。据《魏书·高祖纪上》记载，延兴二年（472）二月"蠕蠕犯塞。太上皇帝次于北郊，诏诸将讨之。虏遁走"。同年"十月，蠕蠕犯塞，及于五原。十有一月，太上皇帝亲讨之，将度漠袭击。蠕蠕闻军至，大惧，北走数千里。以穷寇远遁，不可追，乃止"。这些史料说明，北魏泰常八年（423）修筑长城以后，柔然仍然不断侵扰北魏。

太武帝拓跋焘在太平真君七年（446）六月又修建畿上塞围长城。《魏书》记载，六月"丙戌，发司、幽、定、冀四州十万人，筑畿上塞围。起上谷，西至于河，广袤皆千里"。北魏将都城建在平城（今山西大同市），构筑这条长城，是为了守卫其都城。

畿上塞围工程并未按计划完成，在修建的第三年（448）二月便停建了。畿上塞围经过的地段，多数是险峻的山岭地带，很多地段利用山险，减少了长城的工程量，这是古人修长城时的通常做法。山西省境内部分地段的北朝长城，有些在明朝时曾被加以改造沿用，这是今天我们很难找到畿上塞围遗址的一个主要原因。

北魏长城的建立，在一定程度上防御了北部柔然的进攻，保障了中原小农经济的发展。鲜卑族进入中原建立北魏政权，促进了中原畜牧业的发展，而长城的修筑也保障了中原农业的发展。同时，手工业也得到了相应的发展，北魏时期的经济因此达到了繁荣。鲜卑族进入中原与汉族人民相互融合，也促进了少数民族与汉族的交流。

根据2012年国家文物局长城资源调查认定结果，北魏长城遗迹主要分布在内蒙古、河北、山西三省（自治区）境内。内蒙古自治区内的北魏长城分为多段，通辽段分布于库伦旗；六镇长城南线段东起乌兰察布市商都县，经察哈尔右翼后旗、察哈尔右翼中旗、四子王旗，西迄包头市达尔罕茂明安联合旗；六镇长城北线段东起乌兰察布市四子王旗，经包头市达尔罕茂明安联合旗，西迄呼和浩特市武川县；乌拉特前旗段分布于巴彦淖尔市乌拉特前旗。河北省内的北魏长城分布于张家口市万全区境内。山西省内的分布于大同市天镇县。

第四节　京师藩屏之明长城大同镇

大同镇，因总兵驻大同而得名。大同为古并州地，春秋时一些少数民族驻牧于此，战国属赵国云中郡，秦始皇统一后建平城县，属雁门郡、代郡。汉承秦制，仍为雁门郡、代郡。

大同作为军事重地，为历代兵家所重视，明朝建立后更视大同为关系兴衰安危的边塞要地。顾祖禹在其《读史方舆纪要》中，记叙大同镇地理位置时，称大同镇为"东连上谷，南达并恒，西界黄河，北控沙漠，居边隅之要害，为京师之藩屏"。

星空下的大同镇杀虎口（杨东 摄）

大同镇杀虎口（杨东 摄）

大同镇摩天岭（杨东 摄）

明太祖时期设立山西行都司，负责大同地区防务。明成祖永乐元年（1403），为加强大同防御，设置镇守。《明成祖实录》记载，又于永乐十二年（1414）设立总兵官，"命都督朱荣充总兵官，镇守大同，节制山西都司、行都司备御军马"。大同总兵官设置开始制度化，即正式设大同镇。

大同镇长城的修筑记载很多。大同镇长城主要是在明嘉靖年间修筑的。据《大同县志》记载，嘉靖二十一年（1542），"壬寅七月，廷推（翟鹏）总督宣、大、偏、保并节制山东、河南，公乃挑修大同壕墙一道，深广各二丈，且垒土为墙，高复倍之，延袤三百九十余里，添筑新墩二百九十二座，护墩堡一十四座"。

大同镇长城在明代是互市地区，清朝亦非常重视大同长城。这里的杀虎口等长城关隘，更成为内外商旅的必经之地，形成了走西口的商贸车流。《清稗类钞》记载了山西商人的牛车队往返于长城的情况："晋中行商运货来往关外诸地虑有盗，往往结为车帮，此即泰西之商队也。每帮多者百余辆，其车略似大古鲁车，轮差小，一车约可载重五百斤，驾一牛。一御者可御十余车。"

据《三云筹俎考》载，大同镇长城又分为八路镇守，由东到西依次为：新平路，边墙沿长四十九里（约24.5千米）；东路，边墙沿长九十六里（约48千米）；北东路，边墙沿长九十六里；北西路，边墙沿长七十七里（约38.5千米）；中路，边墙沿长一百二十四里（约62千米）；威远路，边墙沿长二十九里九分（约15千米）；西路，边墙沿长四十七里六分（约23.8千米）；井坪路，边墙沿长三十一里（约15.5千米）。

国家文物局《关于山西省长城认定的批复》认定，明长城大同镇东起于山西省大同市天镇县，经阳高县、大同县、新荣区、城区、南郊区、左云县，朔州市右玉县、平鲁区，西迄忻州市河曲县。

第五节　拱卫京师的明长城山西镇

山西镇亦称太原镇，统辖内长城的外三关（雁门关、宁武关、偏头关）。山西镇东部修建在群山环抱中，从太行山向西到恒山山脉都是山势峻拔，闻名于世的雁门关就修建在群山之上。西部则修建在丘陵间，长城一路跨过纵横的沟壑直抵黄河，偏头关就在这个地区。

山西镇与蓟镇、宣府、大同三镇同为拱卫京师的畿辅重镇。据《明史·兵志·边防》载，洪武六年（1373），朱元璋命大将军徐达筹备山西、北平边防时，"诏山西都卫于雁门关、太和岭，并武、朔诸山谷间，凡七十三隘，俱设戍兵"。平型关也属于山西镇。1937年9月25日，刚刚从延安出来的八路军，在平型关脚下配合第二战区，打了一场歼灭战和山地战伏击战。20世纪80年代，我和伙伴徒步考察明长城的春节就是在平型关过的。

明魏焕的《皇明九边考》中论山西镇三关军事地理位置时说："偏头、宁武、雁门，向西迤东三关并列，西尽黄河东岸，东抵大

山西镇偏头关长城（杨东 摄）

同。西路虽太原北境要害之地，与真定相为唇齿，非惟山西重镇，而畿辅之地安危系焉。"

《明宣宗实录》记载，明宣德元年（1426）始置镇守，"命都督

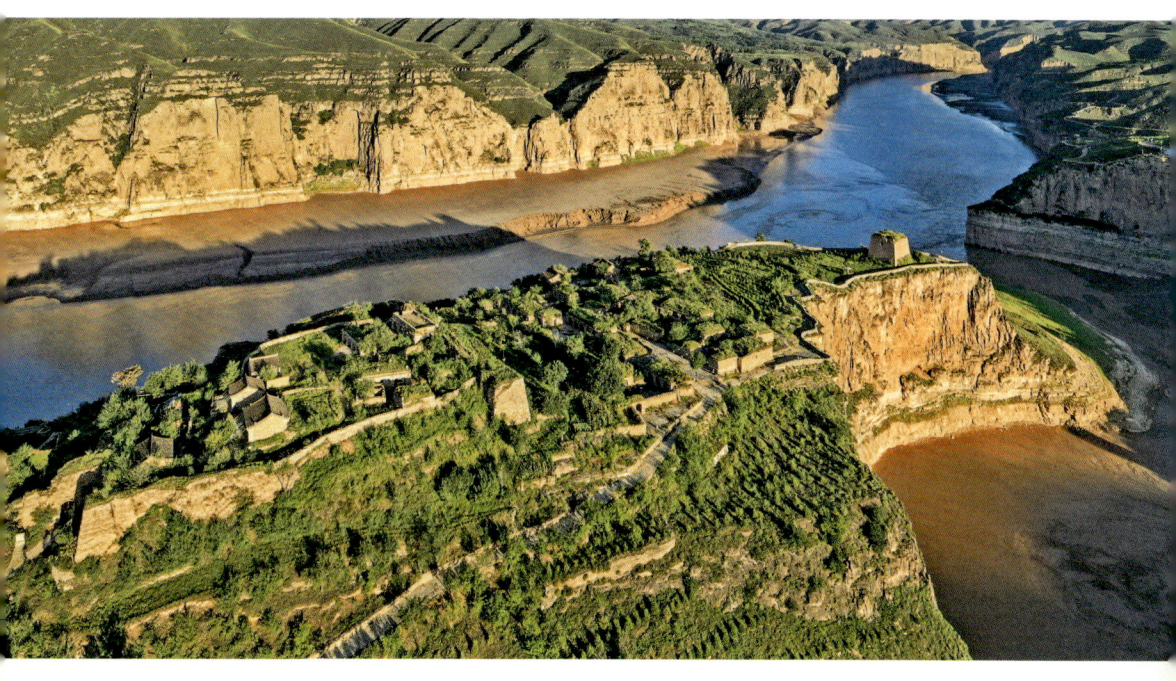

山西镇偏头关老牛湾（杨东 摄）

佥事李谦镇守山西"。李谦镇守山西延续至正统年间。根据文献记载，成化年间鞑靼诸部频繁通过河套进入山西，迫使明朝加强山西的防御力量，将防御重点放在偏头、宁武、雁门三关。

成化二十二年（1486），设总兵官。《宪宗实录》记载："命镇守代州等处右副总兵，都督佥事周玺充总兵官，仍居代州。"至嘉靖二十年（1541），山西镇守总兵官成为常设。山西镇修建边墙的记载很多。《偏关志·边隘》记载："大边，在关北一百二十里，东接大同镇平鲁卫崖头墩界，西抵黄河，长二百九十里。今失在二边之外，久属草地，止有藩篱遗址，未详修筑始末。"明长城的大边指

山西镇雁门关（杨东 摄）

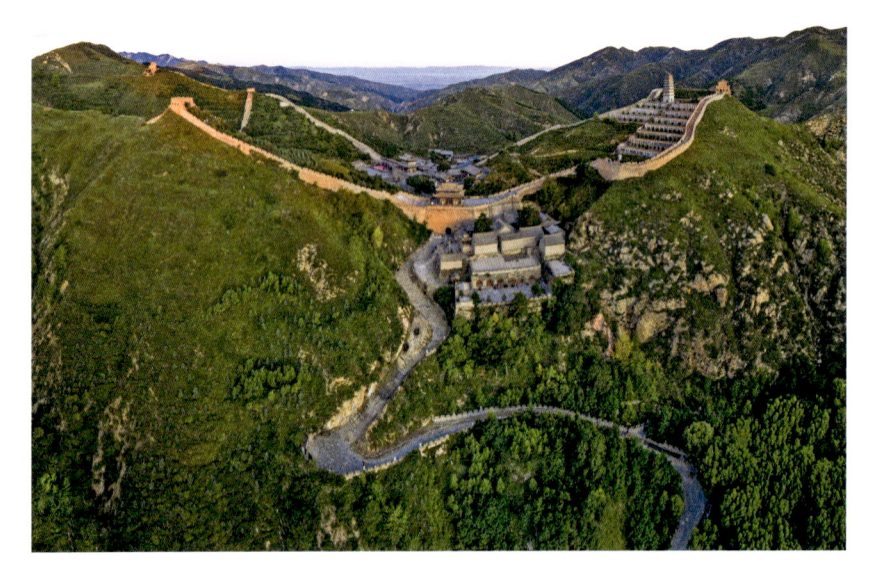

山西镇雁门关（杨东 摄）

的是最靠近草原的长城，在内蒙古清水河、凉城、丰镇、兴和等县市的南部。二边是大边的纵深防御，主要在山西大同市境内。

嘉靖二十五年（1546），翁万达代翟鹏总督宣、大、保定军务后，他认为宣、大两镇"皆逼临巨寇，险在外者，所谓极边也"。这里说的极边，指的是比较远而且很危险的地方。翁万达认为，内外三关"皆峻岭层岗，险在内者，所谓次边也"。他又将内外长城，按照各自风险等级做了划分。他认为："外边，大同最难守，次宣府，次山西之偏关……内边紫荆、宁武、雁门为要，次则居庸、倒马、龙泉、平型。"基于这样的分析，在他任职期间主要修筑了大同西路及宣府东路长城，同时也修筑了山西镇宁武、雁门一带的长城。

国家文物局《关于山西省长城认定的批复》认定：明内长城山西镇东起山西省大同市灵丘县，经广灵县、浑源县，朔州市怀仁县、应县、山阴县，忻州市繁峙县、代县，原平市、朔州市朔城区、宁武县、神池县，西迄忻州市偏关县。

第六节　农牧交错的明长城榆林镇

榆林镇，明初称为延绥镇，后来改称榆林镇。镇城旧在绥德，成化九年（1473），延绥镇镇城移驻榆林。明代延绥镇形成于正统初，约正统元年（1436）至正统十年（1445）。延绥镇地处河套，较早形成军镇，主要是防御蒙古诸部南下进入河套。

今天的榆林在明朝初年还是一个很小的城堡。考虑到绥德镇总兵驻绥德，离边防前沿太远，便在榆林修筑城池，将总兵驻地迁往榆林。

榆林镇古属雍州，春秋为林胡、白翟地，战国时期属魏国上郡地。秦始皇统一全国后为上郡地，郡治肤施。秦将蒙恬和秦太子扶苏曾在这里经略边备和修筑长城。榆林镇位于今天陕西省的北部，主要是在榆林市境内。这里的长城处于陕西、甘肃、宁夏、内蒙古、山西五省（自治区）的交界处。长城的北面是毛乌素沙漠，过了沙漠是内蒙古高原。长城的南面是黄土高原，长城就修建在内蒙古高原和黄土高原的交界处。我们在20世纪80年代徒步考察长城的时候，站在镇北台向北望还是一片黄沙。经过几十年的治理，现在的沙漠化已经不太明显了。

榆林镇长城的东部位于府谷和神木，神木市（县级市）古代是边防重镇，今天是全国百强县市。神木市的富裕主要依靠丰富的煤炭资源，目前已探明的储量就多达500多亿吨。府谷县也是产煤大县，榆林市的人均国内生产总值居陕西第一，主要靠的是煤炭、石油、天然气资源。

榆林镇的西部位于定边和靖边两地，一听这个名字就知道这一带是古代游牧和农耕交错的地方。靖边县还有匈奴族赫连勃勃建的大夏国都城统万城遗址。榆林镇最大的河流是无定河，这条河发源于定边县，流经靖边、绥德等地，最后汇入黄河。无定河水系所涵盖的区域，基本都是长城的防区。

统万城所在地，一千六百多年前是一个水草丰美的地方，现在差不多已经成了荒漠。榆林市的南部各县在明代也属于长城防区，风土习惯却与长城沿线村庄略有不同，越往北，陕北文化的特色就越浓郁。

明初洪武时期，对残元势力实行招抚与打击并用的政策，蒙古人的力量处于分化瓦解的阶段，因而无力大举南下。永乐时期虽然蒙古力量有所恢复，瓦剌与明朝关系相对稳定。永乐时期主要是打击鞑靼部落，鼓励瓦剌和鞑靼部之间保持距离，符合明朝的地缘政治利益。这个时期蒙古人尚无力大举南下，因此明朝在阴山河套南北设防，所以榆林还不是首冲之地。

正统以前，河套相对来说还是很平静的，明朝也并不是很重视河套地区。明朝人认为河套是人烟稀少的荒漠之地，没有多大的防御价值，而且防御成本又很高。对这一点《明史·鞑靼传》有明确的记载："河套，古朔方郡，唐张仁愿筑三受降城处也。地在黄河南，自宁夏至偏头关，延袤二千里，饶水草，外为东胜卫。东胜而外，土平衍，敌来，一骑不能隐，明初守之，后以旷绝内徙。"这里说的内徙，就是将北部边防线向南后退了四五百里，从此，榆林地区就成了军事防御的前沿阵地。后来的明长城防线也是这样形成的。

榆林地区猛将辈出，天下闻名。《明史·王家录传》记载："榆林为天下雄镇，兵最精，将材最多，然其地最瘠，饷又最乏，士常不宿饱。乃慕义殉忠，志不少挫，无一屈身贼庭，其忠烈又为天

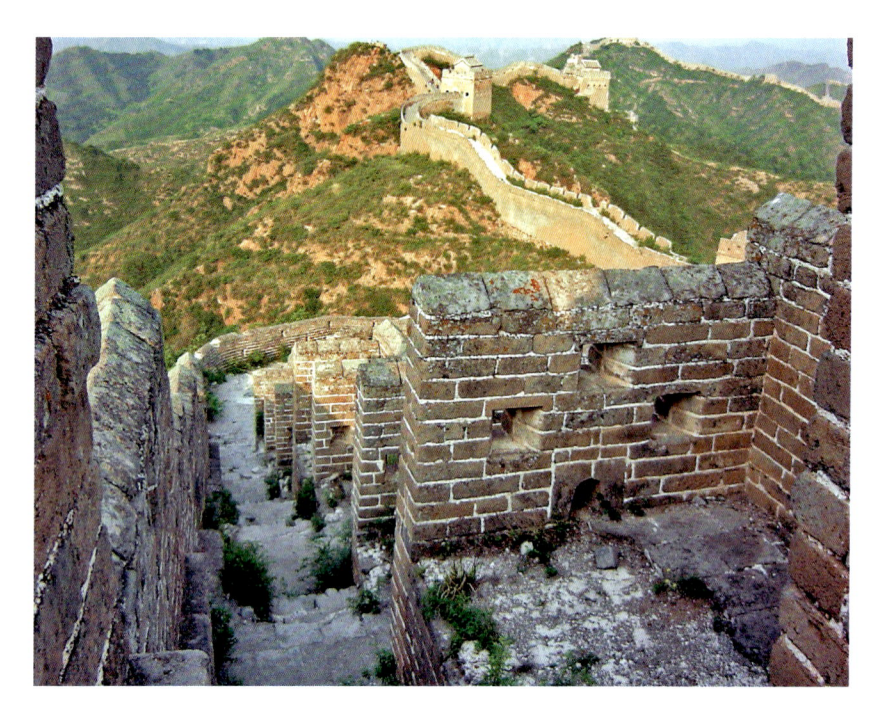

长城上的障墙（作者 摄）

下最。"

  古代榆林城的最后一场战争不是和游牧军队作战，而是崇祯十六年（1643）和李自成农民起义军的战斗。曾任宁夏总兵的侯世禄，参加过辽阳之战、宁锦之战、勤王之战，身负重伤在家休息。李自成军队攻打榆林城的时候，侯世禄及其子参将侯拱极积极反抗。最后城被攻陷，其父子拒不投降，与榆林城众将及官员一起被农民军杀死。

  经历多次战火，榆林古城虽遭受了一定的破坏，但整体保存得较为完整，城墙和城内众多的古建筑都还保留着，古城南门外的山

榆林镇镇北台（杨东 摄）

上有凌霄塔，登上凌霄塔可以俯瞰榆林城。

  镇北台是榆林城北部长城的制高点，这座高台被称为万里长城第一台。镇北台为下层大、上层小的高台建筑，台共有4层，高30余米。台基平面呈梯形，北面长82米，南面长76米，东、西两面各64米。

  镇北台坐落在一个战略要地，镇北台用于瞭望敌情，台下的方形城池是当年蒙汉茶马互市的场所。紧依台北下方建的一方形小砖城，名款贡城，是当年蒙汉官员接待洽谈及举行献纳贡品仪式的场所。1992，年陕西省公布镇北台为省级文物保护单位。

镇北台各层均为青砖包砌，各层台顶外侧砖砌约2米高的垛口，垛口墙上部设有瞭望口，各层垛口内四周相通。第一层周围有屋宇环列，乃当年守台将卒营房，至今基座尚存。顶层原有哨房，现已坍塌仅存基础。

榆林古城西临榆溪河，现在榆林城的建设规模，已经比原来的古城扩大了几十倍。新城区分布在榆溪河两岸，古城成了榆林城市中的一小部分。榆溪河的上游是红石峡（又名雄石峡），长城从东向西穿越红石峡而过。

红石峡东西石壁上还凿有大小不一的25处石窟，两侧山崖上有明清及民国时期的185幅书法石刻。明成化年以来的摩崖石刻，大小不等，小的约2平方米，大的44平方米。字的大小不等，大的有4米见方，小的仅有3厘米见方。书法字体真草隶篆都有。石刻内容有题诗、记功、纪游、喻景、抒怀等，其中有明嘉靖二十六年（1547）三边总督曾铣的《山墩望套》诗；有万历九年（1581）巡抚王汝梅题刻的"龙蟠虎踞"、万历十四年（1586）兵备副使李春光题刻的"万里长城"、万历四十四年（1616）巡抚刘敏宽题刻的"华夷天堑"等。

明长城榆林镇是明代最早用连绵的墙体构建防御体系的地方。明洪武、永乐年间，因在今内蒙古的黄河南北设防，沙漠的北边依

榆林镇镇北台（杨东 摄）

然为明军所控制，榆林地区还不是首冲之地，朝廷对这一地区的防御着力较小。到了明宣德年间，开始加强对陕北的防御。

英宗正统年间，榆林地区越来越加强了对边备的经营。特别是正统末年失东胜后，北部防线渐废，至成化七年（1471），蒙古骑兵遂入套抢掠。成化初年，《明史·王复传》记载，皇上提出"延绥东起黄河岸，西至定边营，接宁夏花马池，萦纡二千余里。险隘俱在内地，而境外乃无屏障，止凭墩堡以守"。

由此可见，榆林镇长城沿线的墩堡在成化以前即已修建，但明

147

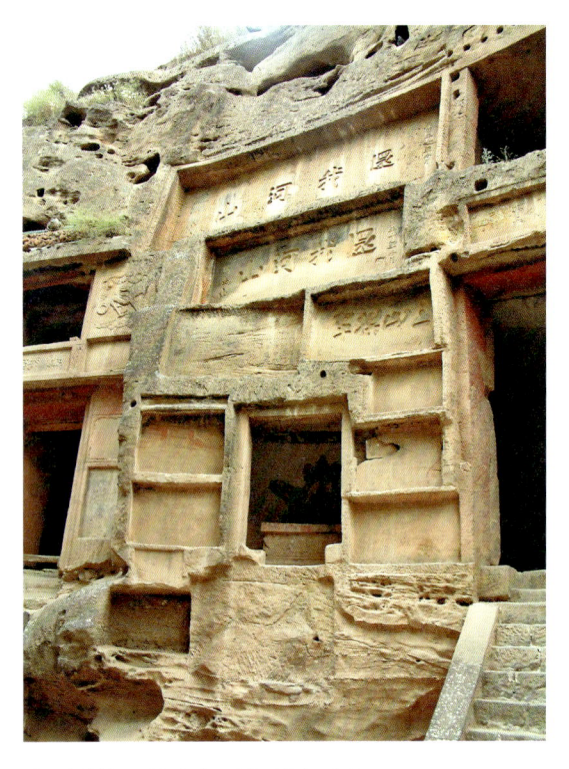

陕西榆林红石峡摩崖石刻（作者 摄）

朝第一次大规模地修建榆林镇长城，则为宪宗成化七年（1471）以后。《明史·兵志》记载："（成化）七年，延绥巡抚都御史余子俊大筑边城。"又载："子俊乃徙治榆林。由黄甫川西至定边营千二百余里，墩堡相望，横截套口，内复堑山堙谷，曰夹道，东抵偏头，西终宁、固。"

《榆林府志》载："成化十年（1474）闰六月，余子俊奏修筑边墙之数，东自清水营紫城寨，西至宁夏花马池营界牌止……修边墙东西长一千七百七十里一百二十三步，守护壕墙崖寨八百一十九座，守护壕墙小墩七十八座，边墩一十五座。"

榆林镇第二次较大规模的修边是世宗嘉靖年间，主要的两个人物是王琼和曾铣。王琼可谓是四朝元老，他在明朝成化二十年（1484）登进士，历事成化、弘治、正德和嘉靖四位皇帝。从六品的工部主事做起，一步一步升到尚书。在明朝六部中，他做过户部、兵部和吏部尚书。这可是二品大员中最有实权的部门，管钱粮人口，管军队，管官吏。

《榆林府志》载："世宗嘉靖十年（1531）闰六月，王琼奏：计度榆林东、中二路大边六百五十六里，当修者三百十里，二边六百五十七里，当修者二百四十八里。因言二边乃成化中余子俊所修，因山为险，屯田多在其外；大边宏（弘）治中文贵所修，防护屯田，中间率多平地，筑墙高厚不过一丈，可坏而入。今当先修大边，必使崖堑深险，墙垣高厚。计用丁卒万八千人，乞发帑金十万，从之。"

王琼修建榆林长城十四年之后，曾铣再次修建榆林长城。《榆林府志》载："嘉靖二十四年（1545），总督曾铣言，自定边营至黄甫川，连年虏入，率由是道，当亟为修缮，分地定工，次第修举。西自定边营，东至龙城堡，计长四百四十余里，为西段，所当先筑；自龙城堡东至双山堡，计长四百九十余里，为中段；自双山堡东至黄甫川，计长五百九十余里，为东段。岁修一段，期以三年竣事。"

曾铣在嘉靖八年（1529）成为进士。他比王琼小50岁，王琼卒年73岁，曾铣死时才39岁。曾铣驻守边疆有功，却遭奸臣严嵩陷害含冤而死。这以后，嘉靖四十三年（1564）和穆宗隆庆三年

（1569），榆林镇长城都曾有所修筑，但第三次较大规模地修筑榆林镇长城是在明神宗万历年间。

国家文物局《关于陕西省长城认定的批复》认定：榆林镇主要分布在今陕西，东起榆林市府谷县，经神木市、榆阳区、横山区、靖边县，延安市吴起县，西迄榆林市定边县。

第七节　专栏：隆庆和议与马市

明朝在长城沿线设有马市，农耕地区与游牧各部族在此进行茶马互市。马市的开设或关闭，有着十分明显的政治目的。茶是蒙古人生活的必需品，魏焕在《皇明九边考》中就说，蒙古人是"无茶则病"。草原又不生产茶，明朝统治者严格控制着茶叶的生产和运销。控制的不仅是茶，还包括游牧区需要从农耕区获取的一切生产生活物资。

瞿九思的《万历武功录》记载，草原地区的蒙古族人"锅釜针线之具，缯絮米菽之用，咸仰汉给"。明朝与蒙古关系紧张时，朝廷往往中断茶等蒙古部族所需要物资向北方的输送，试图将此作为控制蒙古政权的手段，并配合军事行动遏制其发展。《明史·王崇古传》记载，明朝的官市、民市开设之后，朝廷"广召商贩，听令贸易"。

明朝嘉靖年间，明世宗拒绝和蒙古通贡，同时下令关闭了长城沿线关隘的互市贸易。欲通过绝贡的政策，让蒙古人知道贸易制裁的威力。绝贡和关闭互市贸易，使游牧民族生活水平急剧下降，在一定程度上抑制了蒙古势力的发展。绝贡和闭市逼得蒙古势力不断使用武力来争取双方物资的正常交流，战火因求贡不果而愈演愈烈。

这就是明朝犯的最大的战略错误。明朝认识不到俺答汗部已经开始崛起，也认识不到其寻求明蒙和睦态度的转变，没能在俺答汗刚开始提出求贡互市要求的阶段，表现出积极的反应。明朝怀疑俺答汗的做法，不过是又一次奸诈的计谋而已。对于长城内外的安全来说，从来都是依靠强硬的军事力量对对方实施成功的打压。面对蒙古部族的崛起，其实除了禁止封贡，也没有什么办法能够打压住对手。

在明蒙冲突严重的时候，对付蒙古势力的一个办法就是经济制裁。明朝君臣认为自己的决策完全正确，似乎对所有的利弊都做过权衡。他们的经验是这样做有用，因为至少在此前发挥过作用。双方进入了冷战的状态，对明朝没有多大伤害；即便真的在局部地区打起来，也不会有太大的损失。而对于较为依赖农耕地区物产的草原民族来说，则从各方来说伤害都较大。但是，明朝对蒙古部族制裁的反作用力是战争不断加剧，这对明朝构成了极大的伤害。

明朝期待可以再次成功地把蒙古政权拖垮，到嘉靖帝归天为止，都没有改变这个针对蒙古部族的做法。隆庆帝登基后，他和主要决策大臣认识到，继续这样做显然已经不行。理由很简单，因为俺答汗不是一个像过去一样能够轻易对付的对手。这是一个完全不寻常的对手，是蒙古势力的复兴之主。他在其部族还没有完全崛起的时候就坚持求贡，三十多年一如既往。在俺答汗的军队不断寇边的过程中，明朝的军队基本没有怎么打赢过。

这种情况，直到隆庆和议后重新开放马市才有所改变。隆庆四年（1570）的冬天，俺答汗的孙子把汉那吉（又称大成台吉）因为家庭矛盾降明。俺答汗正在为孙子的生命担忧，得知明朝优待把汉那吉非常开心。表示只要明朝愿意送还把汉那吉，他就将赵全等叛人擒献朝廷以表诚意。隆庆四年（1570）十二月，俺答汗将赵全等9人缚送明朝，明朝则命王崇古派人护送把汉那吉返回俺答地。

俺答汗提出通贡互市的要求，隆庆五年（1571），穆宗下诏命召集廷议。首辅高拱态度十分明确地支持通贡互市，张居正认为："封贡事乃制虏安边大机大略，时人以娟嫉之心，持庸众之议，计目前之害，忘久远之利，遂欲摇乱而阻坏之。国家以高爵厚禄畜养此辈，真犬马之不如也。"在一片争议声中，穆宗肯定了通贡之议，结束了几十年来在开市闭市之间翻来覆去的做法。

宣府和大同与俺答汗的封贡互市解决了，而接下来在议陕西三边与河套蒙古吉能等部通贡互市时，再次遇到反对。反对者是陕西三边总督戴才，他提出吉能通贡"随附俺答一路，总进为便"，互市之事"可行之宣、大，而不可行之陕西"。在首辅高拱的力主下，特别是在穆宗的压力下，陕西三边的通贡互市才得以解决，可见通贡互市之路的艰难。随着社会的进步和科学技术的发展，游牧骑兵的作战优势才逐渐不明显。随着中华民族的融合不断加深，农牧民族之间的冲突才越来越小。

隆庆和议非常受蒙古部族的欢迎。《三云筹俎录》记载了隆庆五年（1571）五月，俺答汗在得胜市边外晾马台封王的仪式。俺答汗令头目四名对天发誓："中国人马八十万，北虏夷人四十万，你们都听着，听我传说法度。我房地新生孩子长成大汉，马驹长成大马，永不犯中国。若有那家台吉进边作歹者，将他兵马革去，不着他管事。散夷作歹者，将老婆孩子牛羊马匹尽数给赏别夷。"因为把汉那吉降明这件事得到了妥善处理，明蒙最终实现了和睦。

　　站在历史的高度来审视嘉靖年间的关闭长城互市，可以发现实行闭关政策对明朝也是弊大于利。朝廷有责任为民众带来和平的生活，强化冲突与长城内外民众的福祉背道而驰。需要指出的是，一些学者看到实施闭关锁国对中国的负面影响，而古代长城曾有过闭关的时候，便将长城视为保守的象征。这种判断是片面的，古代王朝在长城区域实行的各种政策和实践表明，开放性是其主流。

第五章

内蒙古高原长城

中国有四大高原：青藏高原、内蒙古高原、云贵高原、黄土高原，其中内蒙古高原是中国四大高原中的第二大高原。《乐府诗集》中的《敕勒歌》"敕勒川，阴山下；天似穹庐，笼盖四野；天苍苍，野茫茫，风吹草低见牛羊"，说的就是草原风光。内蒙古高原约80%地表都被草原覆盖，牛羊是草原景象的一部分。据说全国人喝的牛奶，有八成来自内蒙古草原。内蒙古高原是北方游牧民的家园，大多数盛极一时的游牧民族都曾经生活在这里。

内蒙古高原位于阴山山脉之北，面积大约是34万平方千米。广义上的内蒙古高原，还包括阴山以南的鄂尔多斯高原和贺兰山以西的阿拉善高原。内蒙古高原是典型的西部风蚀地貌，也是中国最平坦的高原。内蒙古高原的矿产资源储量非常丰富，由于这里的风力作用特别强烈，风电资源也十分丰富。这里的年均风速为4～6米/秒，每年8级以上的大风日数为50～90天。这里是风力发电的优良资源区，冬春两季是强风季节，大风日数占全年的60%左右。

每年的深秋之后，西伯利亚的冷气团席卷而来。内蒙古高原北部裹挟着戈壁的尘埃南下，草原枯黄了，牧人只能依靠储存的草料饲养畜群。在古代，漫长的冬天对牧民而言，即便没有灾害也是很难挨的。内蒙古高原作为全国最大的草原牧区，今天居住着2 000

多万的常住人口。东部的人口多于西部，南部的人口多于北部。

内蒙古高原的东部降水比较多，适合发展农业；南部河套平原地形平坦，即便在雨水不足的情况下，也有黄河水可以进行农业灌溉。蒙古包是游牧民族的传统民居，今天牧民基本都已经过上了定居生活，绝大多数的牧民都已经住进了房屋。呼伦贝尔草原和锡林郭勒草原是金长城经过的主要地区，经济类型主要以畜牧业为主。今天的赤峰是以工业著名的城市，在古代则是以畜牧业为主。

第一节　始皇长城与秦直道

《史记·蒙恬列传》有这样的记载，蒙恬被赐死时感叹说："'我何罪于天，无过而死乎？'良久，徐曰：'恬罪固当死矣。起临洮属之辽东，城堑万余里，此其中不能无绝地脉哉？此乃恬之罪也。'乃吞药自杀。"司马迁接着用自己的话说："吾适北边，自直道归，行观蒙恬所为秦筑长城亭障，堑山堙谷，通直道，固轻百姓力矣。夫秦之初灭诸侯，天下之心未定，痍伤者未瘳，而恬为名将，不以此时强谏，振百姓之急，养老存孤，务修众庶之和，而阿意兴功，此其兄弟遇诛，不亦宜乎！何乃罪地脉哉？"

秦始皇派蒙恬发兵北上征伐匈奴，仅用一年时间打败了匈奴，然后就修建长城，接着又修建直道，的确是做得太着急了。从修建长城到公元前210年秦始皇病死，总共不过三年的时间。秦始皇要尽快实现雄心勃勃的计划。

始皇三十二年（前215），秦始皇调集30万精锐之师，以蒙恬为将，向匈奴居住地河南（黄河南，今内蒙古河套及鄂尔多斯市）大举进攻。同年将匈奴逐出河南地，次年又率军强渡黄河，占领高阙（今内蒙古乌拉特中旗西南）、阴山（今内蒙古狼山）、北假（今内蒙古河套以北、阴山以南）等地。战争进行得如此顺利，从另一个侧面也说明这个时候匈奴的战斗力并不是很强。

夺取这些地区后，秦始皇令蒙恬在榆中（今内蒙古鄂尔多斯市）以东、黄河以北直到阴山的广大地区内，一边加强防御一边设置行政机构。将有罪被罚的官吏和内地人民，迁徙到这些地区用以充边。始皇三十六年（前211），三万户内地居民被移居河北（今内蒙古河套）榆中地区，从事垦田生产以开拓边疆。

在设置郡县的同时，蒙恬又奉命沿袭战国时期秦、赵、燕三国筑长城拒匈奴的办法，于始皇三十四年（前213）构筑秦长城以拒匈奴。秦始皇长城西起临洮（今甘肃省南部洮河边），东至辽东，绵延万里，成为中国第一条万里长城。

蒙恬修建的长城主要是把多已毁坏的秦、赵、燕三国长城重新修整、连接，同时也有一些较大规模增筑的新城。根据《史记》的记载，蒙恬所筑秦长城的建筑特点也是因地制宜筑城，利用沿途山川之险，以设关塞据守。

有人说秦始皇在北方建造了两项伟大的工程，一项是长城，另

内蒙古巴彦淖尔秦长城（董旭明 摄）

一项是秦直道。我更愿意将这两项工程合并为一项，运兵和粮草等军需用品都需要有这样一条通畅的大道。长城的修建始终和道路的建设同步进行，秦直道与长城是配套建设的代表。秦直道和其他长城沿线的道路一样，都是长城防御体系的组成部分。

秦直道是从都城直接通往北部长城的一条大道，主要用于军事攻防。秦长城以防御为主，配以秦直道则加强了长城防区的进攻性。长城和直道是秦国解决匈奴问题攻防兼备的安排，秦国通过这条快速路能够向远离统治中心的边疆迅速投放军事力量。

这条道路之所以被称为直道，或许是因为直通长城的缘故。秦直道于始皇三十五年（前212）开始修建，从云阳通往九原郡。考古调查资料显示，秦直道全长700余千米，穿越了14个县。路面最宽的地方为60余米，最窄有20余米。

建造秦直道也和修建秦长城一样，由蒙恬负责设计和指挥施工。实际上直到蒙恬于始皇三十七年（前210）被赵高和胡亥赐死，秦直道也还没有完全修通。文献并未记载秦直道的详细情况，甚至连秦直道的具体路线也不清楚。

史念海曾经通过查阅文献和实地调研，深入地研究过秦直道的线路。他在《秦始皇直道遗迹的探索》中指出："直道全线的路线：由陕西淳化县北梁武帝村秦林光宫遗址北行，至子午岭上，循它的主脉北行，直到定边县南，再由此东北行，进入鄂尔多斯草原，过乌审旗北，经东胜县（今鄂尔多斯市东胜区）西南，在昭君坟附近渡过黄河，到达包头市西南秦九原郡治所。一半路程修筑在山头岭上，一半路程修筑在平原草地。"

1974年7月，内蒙古自治区考古工作者在鄂尔多斯市发现了秦直道遗存。经过对秦直道遗存的考古调查，初步确认了秦直道的最北端止于今包头的麻池古城。2008年8月，我曾前往这处遗址考察。这个地方之所以叫古城，是因为有一个很大的古城遗址，但为什么称为"麻池"呢？清朝初年包头这一带盛产青麻，在此有13个沤麻池，后来形成了村庄，也就随之称为麻池村了。

麻池古城的城墙底宽约10米，顶宽3～4米，分南北两座城墙不相连的城池，北城略大于南城。北城的南北城墙各长690米，东西各宽720米。南城的南北城墙长约660米，东西宽约640米。北城在北墙中段设有一门，南城在西墙和南墙的中段，各设有一门。古城内散见有板瓦、筒瓦、瓦当等建筑材料残片，罐、盆、碗、豆等陶器碎片更是比比皆是。

　　从1979年到2009年，秦直道起点甘泉宫、富县的秦直道路面与排水沟等多个遗址被陆续发现。秦直道之所以还能保留如此之多

内蒙古巴彦淖尔秦长城（董旭明 摄）

的遗址，是因为这条道路的一些地方两千多年来一直在使用。秦朝之后，历汉、唐、宋、明、清各代，这条路都是军事、商贸及民间交往的大通道，直到清代晚期才废弃不用。

内蒙古自治区现存秦始皇长城遗址主要以乌海—鄂尔多斯市秦长城为主，可分为南北向的凤凰岭秦长城、东西向的苏白音沟秦长城和呈半环状的巴音温都尔山秦长城三部分。其中的达拉特旗长城墙体东起王爱召镇的新民堡村东，后向西进入王爱召村，墙体或处于河滩之中，痕迹依稀可见；或处于树林中，呈土垄状。再向西到达王二窖子村东，以西再不见墙体遗迹。该段长城全长约95千米，沿线分布烽燧19座、障城2座。

第二节　钢笔滑落发现的居延汉长城

唐代王维曾作《使至塞上》："单车欲问边，属国过居延。征蓬出汉塞，归雁入胡天。大漠孤烟直，长河落日圆。萧关逢候骑，都护在燕然。"轻车要向哪里去？"属国过居延"。居延在今天的内蒙古自治区阿拉善盟额济纳旗和甘肃省酒泉市金塔县境内。

"大漠孤烟直"的大漠在哪里呢？大漠这个词汇，在中国历史书籍里出现频率非常高。地理上大漠指的是东到大兴安岭，西到阿尔泰山，南到阴山，北到肯特山这个呈弧形分布的荒漠地带。漠北指的就是大漠以北，又称岭北，古代中国以农耕的视角看北方沙

居延烽燧及汉长城（董旭明 摄）

漠、戈壁以北，视其为蛮荒地带。

先秦时期称居延地区为"弱水流沙"，秦汉以后始称"居延"。西汉初年的疆域，北部仅达战国秦长城沿线，还没有力量恢复对秦始皇长城一线的控制。高祖二年（前205）缮治河上塞，只是对陕西黄河边上的长城加以修缮。只有到了汉武帝时期，汉代长城向西把毛乌素沙漠和腾格里沙漠都包括在了长城之内。

居延汉长城的发现很传奇。1930年，西北科学考察团的瑞典考古学家沃尔克·贝格曼与中方队员陈宗器等人到额济纳旗进行考古勘察。贝格曼在《考古探险手记》中记录了4月27日的发现：

"在坐落在一个强侵蚀山顶的烽燧和旁边房屋废墟下面，我发现有院墙的痕迹。当我测量这个长方形墙体时，钢笔掉在了地上。当我弯腰捡钢笔的一刹那，意外发现钢笔旁有一枚保存完好的汉朝硬币五铢。于是，我开始仔细四处搜寻，不一会儿发现了一个青铜箭头和另一枚五铢。"

这支滑落的钢笔，引起了人们的注意并逐渐解开了汉代烽燧

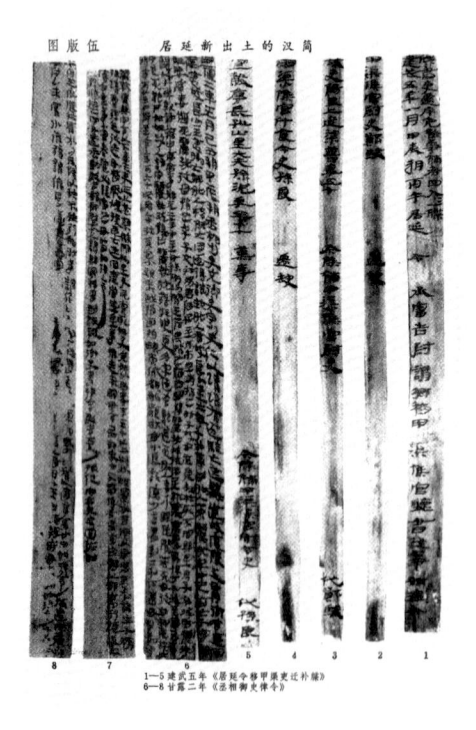

汉简图
引自初仕宾，任步云.居延汉代遗址的发掘和新出土的简册文物[J].文物，1978（01）图版五

神秘的面纱。1927年的第一次西北科学考察曾在居延发现过4枚简牍；1929年开始的第二次西北科学考察团考察，到1931年勘查了410多处遗址，总出土了1万多枚汉简。"居延汉简"开始受到中外的广泛关注。

1972年开始的甘肃省居延考古队的工作，更是获得了2万余枚汉简，上面记载了很多有关长城烽燧、障城、关城遗址的内容。其中，破城子汉代甲渠候官遗址出土了近13 000枚汉简，肩水金关遗址出土了11 000余枚汉简，大湾肩水都尉府遗址出土1 500余枚汉简，地湾肩水候官遗址出土3 000余枚汉简。这次更大规模的考察工作，基本弄清了额济纳河流域汉代鄣塞分布的基本情况。中国科学院考古研究所（1977年改属中国社会科学院）对出土的居延汉简进行了校释，1959年出版了《居延汉简甲编》，1980年出版了《居延汉简甲乙编》。

居延汉长城就位于毛乌素沙漠和腾格里沙漠的北边。西汉元狩二年（前121），骠骑将军霍去病占领了这里后才建的长城。说到骠骑将军霍去病，不得不说说封狼居胥。这个词在古代始终被武将视为最高荣誉。军人相信勇敢，敢打敢拼总有一天会取得胜利。

西汉元狩四年（前119），卫青、霍去病各统5万骑，运输辎重者数十万北上夹击匈奴。霍去病只率领万余人，他们放弃后勤补给，快速穿插2 000多里深入漠北。一路靠抢夺对方的粮食维持进军速度，一举击溃匈奴主力并乘胜追杀至狼居胥山。汉军在狼居胥山举行了祭天封礼，从此"封狼居胥"成了历代武将的梦想。

山西山阴汉武帝和卫青、霍去病石雕（作者 摄）

与"封狼居胥"类似，被古代武将视为最高荣誉的还有一个词叫"勒石燕然"。勒石燕然说的则是东汉的窦宪。窦宪率军北征的时候，匈奴已经被分化成南匈奴和北匈奴。南匈奴在西汉时就已经归顺于汉朝，只有北匈奴到了东汉时还在不断挑战汉朝。南匈奴请求汉朝的军事支援以灭掉北匈奴，对汉朝来说，这样就可以一劳永逸消除其威胁。

朝廷派窦宪率大军长驱直入漠北，一直打到了燕然山。对匈奴来说这是一场万劫不复的战争，北匈奴被彻底消灭了。随军的班固将此战之功写成铭文刻在了燕然山上，后世称此举为"勒石燕然"。

2017年7月27日至29日，中国内蒙古大学蒙古学研究中心与蒙古国成吉思汗大学，对蒙古国中戈壁省德勒格尔杭爱县发现的摩崖石刻进行考察，确定其为东汉永元元年（89）窦宪率大军大破北匈奴后刻凿班固所书的《封燕然山铭》。汉武帝踞有河西走廊并向西域发展之后，为保障这个地区的安全和道路畅通，在河西修建了长城。

汉外长城由光禄塞和遮虏障组成。塞一般是指有墙体的军事防御线，障则一般是指屯兵的城堡。"光禄塞"是因筑城官员徐自为的官职为"光禄勋"而得名。《汉书·武帝纪》记载，太初三年（前102），"遣光禄勋徐自为筑五原塞外列城"。

光禄塞由南北两条构成，北线从阴山以北一直延伸到今蒙古国境内，南侧一线则向南与遮虏障相连。酒泉以北的河西长城，沿弱水北上，北至居延泽与光禄塞相连。两条外长城在居延泽交会，本身就说明了居延在汉代是一个水草丰美、气候宜人、宜农宜牧的风水宝地。

汉朝在此地筑遮虏障，设居延都尉、居延农都尉、河渠司等机构开发并保护这个地区。位于今内蒙古自治区阿拉善盟额济纳旗北部的居延，有一个很大的湖就是居延海（汉称居延泽）。额济纳河是居延海最主要的补给水源。汉朝时可以由河西走廊的张掖，乘船抵达居延海。今天在金塔县黑河沿岸还可以看到密集的烽燧，一直向北通向内蒙古自治区额济纳河流域。

武帝太初三年（前102），"发戍甲卒十八万酒泉、张掖北，置居延、休屠以卫酒泉"，并修筑居延塞以屯田自守。汉武帝在张掖至居延泽段修筑长城,目的是保障河西走廊的安全。这段长城修建之后,武帝于次年修建从玉门以西列亭障至盐泽(今新疆罗布泊)的长城。

居延汉长城设有一系列的烽燧亭障负责边地预警。汉代在额济纳河流域发展的屯田区也需要军事保护。文物工作者在居延屯田区调查,现有烽燧165座,障13处,城8座。在汉代烽燧遗址出土有大量的汉代货币,如半两、五铢等;出土了大量的军事物品,有刀、箭、镞、转射等;还有粮食、农具和各类陶、木、竹、漆制作的生活用具等。

第三节　内蒙古的汉长城遗存

辽西地区北部也有汉长城,应该属于东北平原的一部分。在介绍内蒙古汉长城遗存的时候,因其行政区划属于内蒙古自治区,故在此一并做介绍。这一带的汉长城由东向西延伸,分布于通辽市奈曼旗和赤峰市敖汉旗、松山区境内。秦汉长城在通辽市境内蜿蜒于燕山余脉与科尔沁沙地边缘,多属山地、丘陵地貌,山间沟谷纵横。赤峰市境内的汉长城分布在赤峰市南部,基本是沿燕山山脉的北麓山地分布。战国燕北长城大方向都是东西走向,汉长城居于其北面,南距燕北长城10～50千米不等。

内蒙古汉长城遗址保存相对好一些的是阴山汉长城。其总体依然是东西走向,穿越大青山、色尔腾山、查石太山、狼山等山。这

内蒙古巴彦淖尔秦汉长城（董旭明 摄）

内蒙古巴彦淖尔秦汉长城（董旭明 摄）

一带汉长城大部分都是沿用修缮的秦长城,故一般称阴山长城为秦汉长城。东段起点位于呼和浩特市新城区毫沁营镇坡根底村北的山顶之上,之后向西延伸经过武川县南部,包头市固阳县中部,巴彦淖尔市乌拉特前旗北部、乌拉特中旗南部、乌拉特后旗南部,止于磴口县沙金套海苏木巴音乌拉村西南。

库伦旗西汉长城墙体南端发现于库伦旗白音花镇乃曼格尔村东北,紧邻厚很河北岸,从南向北延伸。此后,先后利用一段铁牛河和库伦河的天然河道作为河险,墙体时断时续,至库伦镇东皂户沁嘎查东,为可见土筑长城墙体的最后一段。

汉外长城北线是汉长城的最外面一道,遗址走向自东向西分布于呼和浩特市武川县、包头市达尔罕茂明安联合旗、巴彦淖尔市乌拉特中旗、乌拉特后旗,在乌拉特后旗潮格温都尔镇西北进入蒙古国境内。

汉外长城南线与汉外长城北线,大体呈同一走向。南线墙体最东端起点在今呼和浩特市武川县哈拉合少乡九号村东大青山北麓的乔四沟内,向西经包头市固阳县、达尔罕茂明安联合旗和巴彦淖尔市乌拉特中旗,进入乌拉特后旗,终止于乌拉特后旗潮格温都尔镇西尼乌素嘎查西北荒漠戈壁边缘。

第四节　鲜卑族所修的北魏六镇长城

北魏修建长城主要是为了抵御柔然等周边民族的侵扰。北魏是南北朝时期北朝的第一个政权，是鲜卑族拓跋珪建立的北方王朝。鲜卑人是东胡人的后裔，东胡被匈奴灭掉后，一部分族群逃进了大兴安岭。内蒙古自治区呼伦贝尔市鄂伦春自治旗阿里河镇西北有一个天然的山洞，在这个山洞的石壁上有一处19行201个字的摩崖石刻。碑文记录的是北魏皇帝拓跋焘派人来到北方，在祖先居住的山洞前进行祭祀时的祝文。

2020年8月至10月，内蒙古文物考古研究所与科左中旗文管所，为了配合引绰济辽输水工程，合作对小呼和格勒遗址进行了抢救性考古发掘。这个遗址位于内蒙古通辽市科左中旗希伯花镇小呼和格勒嘎查西北，此次发掘面积1 400平方米，清理房址2座，灰坑10余座，出土了一批陶器、铁器、石器、动物骨骼等遗物。

小呼和格勒遗址发现的房址是国内首次正式发掘的早期鲜卑房址，其年代约为东汉至西晋时期，相当于公元25年至316年。在此遗址发现有灶，并在居住面上出土陶器、铁器、石器等，表明这一时期这里的鲜卑人已经过着定居的生活。小呼和格勒遗址出土陶器的纹饰有很多马的图案，反映了鲜卑人以畜牧为主的经济特点。出土的陶器纹饰中也发现有毡帐及太阳纹的图案，说明已经定居的鲜卑人对游牧生活的留恋。另外，遗址出土了马蹄钉，这是迄今国内发现最早的使用马蹄铁的实物证据。给马蹄钉上蹄铁，可以保护马蹄并极大地提高马的使用效能。

北魏始光元年（424），北魏太武帝拓跋焘即位之初，柔然的6万骑兵攻破了长城。为了解决柔然的威胁，北魏连续两年的北伐使

171

柔然被迫退到漠北。神麚二年（429），北魏再次大败柔然后，建立了六镇。太和年间（477～499），又修筑了六镇长城与太和长堑。北魏六镇基本是利用五胡十六国时期原有的军镇城扩建和增修的，由东向西分别为：怀荒、柔玄、抚冥、武川、怀朔、沃野六镇。

六镇在北魏的军事、政治生活中享有突出的地位，朝廷很重视这六个军事重镇的建设，其高级将领均由皇帝亲信贵族担任，配属的镇兵也大多为拓跋鲜卑族人，所以有较强的战斗力。六镇军队也拥有较高的待遇，如来自朝廷的褒奖和免除赋税徭役的特殊优待。北魏六镇的作用不仅是控制北部区域和防止柔然族的侵扰，也为北魏政权向南方进攻时解除了后顾之忧。

六镇军官都是正统的鲜卑拓跋部出身，起初在北魏具有较高的政治地位。能够到六镇任职，可以说是出将入相的阶梯。后来随着北魏都城南迁洛阳，其军事地位的重要性受到极大的削弱，这里官员的地位也随之大幅度降低，甚至成为被贬职的发配之地。

过去老百姓说"棍棒出孝子，娇养忤逆儿"，北魏正光五年（524），曾经骄纵的北方六镇将领发起动乱，史称六镇之乱或六镇起义。这场动乱的起因是北魏迁都洛阳后，驻扎在六镇的鲜卑贵族感觉待遇及升迁机会都不如洛阳的鲜卑贵族，所以心里很不平衡。发生六镇之变后，北魏政权开始走向衰落。硬挺了十年之后，北魏于永熙三年（534）分裂成东魏及西魏。

北魏王朝曾三次在北方边境修筑长城，分别为泰常八年（423）

长城、太平真君七年（446）畿上塞围和太和（477～499）长堑。经内蒙古文物考古研究院系统调查发现，北魏长城可分为六镇长城南线、六镇长城北线和太和长堑长城。

其中，六镇长城南线起于乌兰察布市商都县东北部的山丘下，东北—西南向贯穿于商都县中部；再经察哈尔右翼后旗中北部、察哈尔右翼中旗北部，穿越四子王旗中南部，这段墙体大体呈东西走向；到四子王旗中南部复转东北—西南走向，进入包头市达尔罕茂明安联合旗东南部，在丘陵草原上西南行，止于阴山山脉北麓。

六镇长城北线东端起点在今四子王旗白音朝克图镇乌兰哈达嘎查西偏北2.7千米的碎石岗地上，向西南经四子王旗，包头市达尔罕茂明安联合旗进入呼和浩特市武川县；经武川县二份子乡向南，至西乌兰不浪镇水泉村西南0.8千米的丘陵北坡沟口东岸终止。

第五节　三城鼎峙的唐代受降城

有学者认为，唐朝没有大规模修建长城的一个原因是皇帝出生于胡族。《朱子语类》记载，南宋理学宗师朱熹曾说："唐源流出于夷狄，故闺门失礼之事，不以为异。"实际上唐朝开国皇帝李渊的父亲是汉人，李渊的祖父是李虎，在西魏时期曾被赐鲜卑姓大野氏。李渊的生母是鲜卑人独孤信的女儿，李唐皇族母系里有鲜卑的后裔。在已进入父系社会的唐代，这并不影响李唐血脉是汉人的属性。

也有学者认为，唐朝控制的地域范围已经远远超出了长城，北部农耕和草原地区基本形成了南北一统的局面，长城就丧失了修筑的必要性。人们常常引用《旧唐书·李绩传》中记载唐太宗的一段话："隋炀帝不能精选贤良，安抚边境，惟解筑长城以备突厥，情识之惑，一至于此。朕今委任李世绩于并州，遂使突厥畏威遁走，塞垣安静，岂不胜远筑长城耶？"

其实，唐朝虽没有大规模修建长城，但还是在北方边疆建设了很多军事防御工程并驻有军队。比如为了防御突厥，在秦汉长城地区设置了朔方军，这是唐朝在西北地区的军队。这支军队的统帅，先后称朔方道行军大总管、朔方军大总管、朔方节度使等。这个时期，突厥与唐朝以黄河为界，这条军事防御线与秦汉长城防御区基本是重叠的。唐朝并没有如秦汉一样大规模地修建长城，而是在秦汉长城沿线建了3座受降城，并以此为中心构建北方的防御体系。

受降城的建设，从汉代开始。汉代受降城，建在秦汉长城外的漠北草原地带。元封六年（前105），此城接受了匈奴左大都尉降汉，这是汉以来所有的受降城中，唯一受过降的受降城。位于今蒙古国南戈壁省巴彦布拉格市瑙木冈县，名为巴彦布拉格古城址。

唐代受降城为朔方军总管张仁愿所建。景龙元年（707），突厥入河套，第二年张仁愿上奏唐中宗，请求利用突厥全军西击其他部族之机夺取漠南地区（今内蒙古鄂尔多斯市），并在黄河以北修筑东、中、西3座受降城，形成一道相互联系的防御线，以便断绝突厥的南侵道路。

乌拉特中旗新忽热古城遗址，汉筑，唐沿用（董旭明 摄）

乌拉特中旗新忽热古城遗址，汉筑，唐沿用（董旭明 摄）

这个建议遭到一些人的反对，但张仁愿修筑3座受降城的计划因得到了唐中宗的支持才得以实施。唐代的3座受降城，均建在黄河北岸阴山以南地带，割断了突厥南下的通道。东、中、西3座军事要塞，各城相距400多里，互为依托。3座受降城建好之后，又置烽堠1 800所，使东西呼应。自此，唐朝向北拓地300余里，突厥不再敢渡河放牧。

白居易在其诗中提到："吾闻高宗中宗世，北虏猖狂最难制。韩公创筑受降城，三城鼎峙屯汉兵。东西亘绝数千里，耳冷不闻胡马声。"突厥不能越过阴山放牧，减少了对唐朝边疆的威胁，朔方军裁减数万人，节省了大量的军费开支。

3座受降城不但是军事防御工程，还是贸易交流的基地。突厥和唐朝关系和好后，唐朝从开元十五年（727）开始购买突厥的马匹，《旧唐书·突厥列传上》记载："许于朔方军西受降城为互市之所。"《唐会要·马》记载，回纥、室韦等族向唐朝献马，也是"令于西受降城使纳之"。

唐朝虽没有大规模地修筑长城，但也很重视边疆的军事防御。屯兵城堡、烽堠戍守和预警制度都很完备。从边塞直达长安，每30里（约15.9千米）设置一座烽堠，遇有敌情，烽火信号一昼夜可传2 000里（约1 060千米）。烽堠除瞭望报警的功能之外，还负责勘查过所、公验等职责。唐律规定，公务人员有专门使用的度关公文，一般到达边塞的行人也都要持有过所，才能通过关津。

《大唐大慈恩寺三藏法师传》记载，玄奘西行取经过玉门关时，刚过了第一座烽燧，就被戍守的士兵发现并抓了回来。(由于环境恶化，唐朝的玉门关由汉长城的玉门关向东迁移至瓜州。)戍守烽燧的军人，验明了玄奘等人的公文之后方放行。这一记载说明，唐朝时烽燧负有检查过往行人的职责。

唐朝采取藩镇制度保障边疆的安全，常有人认为这是唐朝的高明之处。其实唐朝的藩镇制度是造成中唐及之后不断内乱、战争频发最主要的原因。唐初并没意识到藩镇的做强做大会发展到管理失控的程度，以致有一个人兼任两三镇节度使的现象。安禄山就是典型的地方军阀，凭借身兼范阳、平卢、河东三镇节度的势力，发动了反唐叛乱。防御北方的藩镇制度，最后成为毁灭唐朝的力量之一。

中受降城，位于今内蒙古包头市的敖陶窑子村。城址平面呈方形，周长约1 500米，残高约1.5米。这座城址曾为后代继续使用，城址内在唐代之上还叠压有辽、元两代的文化堆积层。

东受降城，在今内蒙古呼和浩特市托克托县双河镇哈拉板申村。当地俗称"大皇城"或"大荒城"，城址中多有唐代建筑遗址、遗物的发现，亦有辽、元代文化堆积层，说明也同样被辽、元继续使用过。

西受降城，在今内蒙古巴彦淖尔市乌拉特中旗乌加河乡库伦补隆村。城址东西宽280米，南北长420米。城墙大部分坍塌，城中出土文物有"开元通宝"和"乾元重宝"等唐代古钱币。

驻守受降城的军队是很艰苦的。唐代著名边塞诗人李益，就作有一首《夜上受降城闻笛》。他跟随朔方节度使崔宁巡视边关，诗人写道："回乐烽前沙似雪，受降城外月如霜。不知何处吹芦管，一夜征人尽望乡。"

第六节　长达万里的金夏长城

金朝也修建长城吗？不但修建了，而且金长城总长度累计还超过了万里。金朝也是入主中原的非农耕民族政权中修建长城最多的朝代之一。金朝所修的长城防御体系，见诸史载的多称之为界壕

内蒙古赤峰贡格尔草原金长城（界壕）（董旭明 摄）

或边堡。金长城的修筑方式，也较其他朝代有所不同。其他朝代修长城主要采取在地面上建筑墙体的方式，局部使用过以壕代墙的建筑形式。金界壕则主要采用掘地为壕来修筑，把挖出的土堆筑成城墙，在重要的地方建设城堡以屯重兵，城堡之间用烽火台或壕堑相连。

研究金朝修建的长城，不仅要了解金朝的主要敌人是谁，还要了解金朝的军政情况。认识清楚这些背景，才能明白金朝是如何进行军事防御部署的。

金长城的修筑，史载较早的是婆卢火所浚的泰州界壕。这个时期的金长城，主要用于防御依然很强大的契丹遗部及奚。泰州在今吉林省白城市东南。据史料记载，婆卢火于金熙宗年间（1135～1149）任职于泰州，其修长城也在此时间段内。

金朝在东北大修长城，目的之一是保卫其上京（今黑龙江省哈尔滨市阿城区南）。金太祖完颜阿骨打于收国元年（1115）建国时，并没有修建都城。《大金国志校证·燕京制度》记载："国初无城郭，星散而居，呼曰'皇帝寨''国相寨''太子庄'，后升'皇帝寨'曰会宁府，建为上京。"

金朝的北疆，大致包括上京路、北京路（治今内蒙古巴林左旗）和东京路（治今辽宁省辽阳市）等地，今行政区划分属于东北三省和内蒙古地区的东北部。尤其是以上京路为中心的所谓"金源内地"，是女真族的发祥地。为保障其"金源内地"的发展和安全，金朝在城镇建设、农牧业生产等方面都有较大发展的同时，修建长城，以保护其开发与建设的成果。

12世纪末、13世纪初，蒙古人在成吉思汗的统领下强大起来。很快成为大漠南北最强大的军事力量。金章宗泰和六年（1206），成吉思汗建立蒙古汗国，逐渐成为金朝北方的威胁。为防御蒙古，金朝这一时期起大规模地修筑长城。

金章宗时边疆形势开始恶化，虽然金章宗连续发动三次北伐战争，依然没能解决问题。金章宗晚期，随着蒙古诸部的逐渐统一，金朝与蒙古部落的力量相比逐渐转为弱势，成为蒙古部族进攻的主要目标。

这个时期，成吉思汗的蒙古各部以及乃蛮、汪古、克烈等部，还都是金朝的属国，金以宗主国的名义与蒙古各部以进奉、回赐等活动，维系宗藩关系并开展边境贸易。蒙古各部与辽朝有着很深的关系，经常有部落同契丹等族一起反金，随着其力量日益强大，蒙古反金的活动更多。

金朝修建的岭北长城，在这一时期是防御蒙古骑兵骚扰的一道屏障。岭北又称漠北，汉朝的外长城和唐朝时的燕然都护府都设在这个区域。在蒙古诸部相继攻进金长城的情况下，金的东北部边疆形势变得非常严峻。据《金史·完颜宗浩传》记载，留守北京的宗浩，奉命率上京等路军队驻泰州防守。宗浩军集中讨击广吉剌部，接着率军"北进"，被连续击败的山只昆、合底忻等部向金军"皆乞降"。

金大军主要驻在东北路招讨司治所泰州，距金与蒙古的边界至

内蒙古高原金长城（界壕）（杨东 摄）

少有300多里。蒙古各部越界侵扰时，泰州守军"出兵追袭，敌已遁去"。章宗泰和年间（1201～1208），增设副招司分驻金山（属临潢府），军队临近长城边地进行防御，取得了较好的效果。《金史·完颜宗浩传》记载为"由是敌不敢犯"。

此后十年里，金朝北部的长城地区保持了相对稳定的局势。直到卫绍王大安三年（1211），蒙古对金朝发动全面进攻，一些地方戍守长城的军队不战而投降了蒙古军队，高大而坚固的长城成了"摆设"。这个结果一定会令京城的统治者十分沮丧，却也是毫无办法。

内蒙古境内的金长城，曾长期被老百姓称为成吉思汗边墙。成吉思汗的铁骑征服了半个地球，怎么可能修建长城呢？原来这里有一个美丽的传说。当年成吉思汗的女儿出嫁时遭遇了抢亲。抢亲是蒙古族中的一种婚姻风俗，男方可以凭借力量将出嫁路上的新娘强行抢回家成亲。成吉思汗女儿遭遇的抢亲，虽然对方最后没有得逞，却令成吉思汗感到极为败兴。所以大汗修建了高大的城墙，护佑本部落婚嫁时的送亲队伍。

　　金界壕的修建，也有抗击西夏的作用。最初西夏为金的属国，在双方关系缓和的时候，为维护宗藩关系，不断有使节往来，并积极开展边境贸易。双方关系紧张的时候也会有军事冲突，所以为了将命运掌握在自己手中，金朝也需要设防以缓冲军事压力。

内蒙古高原金长城（界壕）（杨东 摄）

根据国家文物局《关于内蒙古自治区长城认定的批复》，金长城（界壕）主线东起呼伦贝尔市莫力达瓦达斡尔族自治旗，经扎兰屯市，兴安盟扎赉特旗、科尔沁右翼前旗、突泉县、科尔沁右翼中旗，通辽市霍林郭勒市、扎鲁特旗，赤峰市阿鲁科尔沁旗、巴林左旗、巴林右旗、林西县、克什克腾旗、翁牛特旗、松山区，锡林郭勒盟东乌珠穆沁旗、锡林浩特市、正蓝旗、正镶白旗、镶黄旗、多伦县、太仆寺旗、苏尼特右旗，乌兰察布市化德县、商都县、察哈

宁夏贺兰山长城脚下的西夏文摩崖石刻（作者 摄）

尔右翼后旗、四子王旗，包头市达尔罕茂明安联合旗，西迄呼和浩特市武川县；岭北线东起呼伦贝尔市额尔古纳市，经陈巴尔虎旗、满洲里市，西迄新巴尔虎右旗；漠南线东起呼伦贝尔市扎赉特旗，经兴安盟科尔沁右翼前旗、锡林郭勒盟东乌珠穆沁旗、阿巴嘎旗、苏尼特左旗、苏尼特右旗，西迄乌兰察布市四子王旗。

此外，河北省也有金长城分布。河北省内金界壕东起承德市丰宁满族自治县，经张家口市沽源县，西迄康保县。

西夏同样也修建了长城，西夏长城主要还是为了防蒙古。

中国文献中没有关于西夏长城的只言片语，20世纪70年代之前也没有人知道西夏还修建了长城。西夏扰掠金朝的边境时，金朝的守军也曾多次还击，但大多以驱赶为主。如宣宗贞祐元年（1213）十一月，西夏兵攻会州（亦称新会州，属临洮路），都统徒单丑儿率军"击走之"。

西夏和宋、金几乎属同时期。宋很少修建长城，山西有一些，记载很少，发现的遗址也很少。蒙古灭金建立元朝，也基本没有修建长城。宋元时期是中国历史上又一个民族大融合的高峰时期，其中元朝更为突出。元朝虽然实行民族分化政策，但客观上元朝的统一使民族融合进一步加强。

西夏长城引起长城研究界的关注始于20世纪70年代。21世纪初，俄罗斯和蒙古国的考古工作者在蒙古国南戈壁省的长城做实地调查，经过对遗址内部分红杨、梭梭标本进行碳14测年，这条一直被认为是汉代长城的遗址，其实是公元10～13世纪西夏所建造的主要用来防御蒙古的长城。

此后，国内的考古工作者也开始对西夏长城进行调查。按国家文物局统一部署，2007年至2010年内蒙古自治区文物局组织开展了长城田野调查工作，确认内蒙古西夏长城遗址分布在巴彦淖尔市与阿拉善盟。西夏长城主要是土筑。

国家文物局《关于内蒙古自治区长城认定的批复》，认定西夏长城包头段分布于包头市东河区；阴山北部草原段东起呼和浩特市武川县，经达包头市尔罕茂明安联合旗，巴彦淖尔市乌拉特中旗、乌拉特后旗，阿拉善盟阿拉善左旗、阿拉善右旗，西迄阿拉善盟额济纳旗。

第七节　明长城早期防御

在内蒙古高原这一章，还要介绍一下明代早期在草原地区构建的长城防御体系。明洪武时期，北征草原蒙古部族之后，在内蒙古高原上建立了一系列的军事防御城池。在秦汉长城沿线设防，对草原游牧势力形成了很大的威慑。

明洪武至永乐年间，连续对草原地区的征伐使蒙古部族的军事力量受到很大的削弱。元亡之后，蒙古族失去了统一领导，鞑靼、瓦剌两部落连年激战，也相对削弱了侵扰明朝边境的兵力。在这种情况下，明朝也放弃了一些早期在草原地区设立的防御阵地，最主要的是后撤了设在内蒙古高原的东胜和大宁两卫。

都司、卫、所制度是明代实行的军事制度，卫所是负责管理地方军事力量的军事机构。卫指挥使司是千户所及百户所的上级单位，明洪武七年（1374）确定每卫为5 600人，每千户所为1 120人，每百户所为120人。卫的最高管理者是正三品的指挥使，千户是正五品，百户为正六品。大宁和东胜两个卫属于明长城最北部的卫。

东胜卫是明初设在黄河河套的卫所。其战略地位非常重要，东胜向东有大同、兴和、开平、大宁至辽东，自东胜而西有宁夏、兰州、庄浪、凉州、山丹至甘肃，而贺兰山、甘肃北山及河套均在这一防线控制之内，这就使明朝的北部边防由点到面、东西联络、互相呼应，因而将其整个北边防线稳步向北推进了数百里。日本学者田村实造在《明代的北边防卫体制》中指出："东胜实际上起着将东边的辽东和西边的甘肃联系起来的连结点的作用。"

大宁卫是洪武时期所建立的北方卫所。洪武二十年（1387），朱元璋在征讨元太尉纳哈出时，命大将军宋国公冯胜率军出松亭关，修筑了大宁、宽河、会州、富峪四城。同时设置了大宁都指挥使司，统领这一带的卫所。《明史·瓦剌列传》记载，洪武二十二年（1389），兀良哈三部投降明朝之后，朱元璋又在大宁路北境兀良哈三部之地"置泰宁、朵颜、福余三卫指挥使司，俾其头目各自领其众，以为声援"。至此，大宁都司与其东的辽东都司、其西的开平卫遥相呼应，成为北部边防的第一道防线。

明成祖取得"靖难"胜利之后，将宁王徙封南昌，将设在大宁的北平行都司迁往保定。大宁都司的内徙，使得辽东和开平这条防线的中间打开了一个很大的缺口，由此造成了明朝长城防线的大幅度南撤。

在大宁都司内迁的同时，东胜卫也向内撤了。东胜卫内撤之后，给河套南边的延安和绥德的防御造成了困难。宁夏总兵官左都督何福曾奏报皇上："今东胜卫率调永平、遵化，神木虽如旧戍守，然兵少不足以制寇。且县治在平地，四山高峻，寇至凭高射城中，难为捍卫。县城东山有古城，颇险峻，且城隍坚完，请移县治于彼，益兵戍守为便。"朱棣批准了何福的请求，从绥德卫增调一个千户所前往神木戍守。

永乐时期将大宁卫迁到北直隶保定，将泰宁卫从今黑龙江泰来后移至广宁。宣德及正统年间，又将东胜卫南迁并废除了老哈河、西拉沐沦等卫。这样一来，明朝防御蒙古部族的军事防线，就彻底退到了后来不断加强的长城九边。

第八节　专栏：昭君出塞

内蒙古呼和浩特市南郊的大黑河南岸，有一处内蒙古自治区重点文物保护单位——昭君墓。墓前立有王昭君和丈夫呼韩邪单于骑在马上的塑像。王昭君是中国古代四大美女之一，西汉竟宁元年（前33）匈奴呼韩邪单于来甘泉宫朝觐汉元帝时，提出"愿为天朝之婿"的和亲请求，元帝将王昭君赐婚给单于为妻。

汉匈和亲始于西汉初期，刘邦为缓和汉匈矛盾，将"和亲"作为应对匈奴的策略，一直实行到汉武帝时期。汉元帝时期，匈奴呼韩邪单于和汉朝约定平息兵戈，永不再战。汉元帝将年号"建昭"改为"竟宁"，以表达对国家永远安宁之愿望，这才有了昭君和亲的故事。

古代的四大美女，常用"闭月羞花，沉鱼落雁"来形容，王昭君是"落雁"。王昭君本来是一名叫王嫱的宫女，生于汉宣帝甘露二年（前52），湖北兴山人。建昭元年（前38），汉元帝诏征天下美女补后宫之用，王嫱被选中入宫。王昭君和亲之时的身份是待诏宫女，被选中和亲后，她一生都生活在草原，为汉匈团结和睦做出了贡献。长城内外烽烟熄灭，"边城晏闭，牛马布野，三世无犬吠之警，黎庶亡干戈之役"。这一和亲故事史称昭君出塞。塞，即指长城。目前对昭君出塞走的是哪一段长城并没有定论。

建始二年（前31），呼韩邪单于逝世，依照游牧民族转婚制的习俗，王昭君要再嫁呼韩邪单于的长子复株累单于。王昭君请求归汉，她说："臣妾幸得备身禁脔，谓身依日月，死有余芳。而失意丹青，远窜异域，诚得捐躯报主，何敢自怜。独惜国家黜涉，移于贱工，南望汉关徒增怆结耳。有父有弟，惟陛下幸少怜之。"这个时候的皇帝是汉成帝，他没有同意昭君的请求并要求她遵从"胡俗"。

王昭君在大草原生活的六十年，也是汉匈和睦的六十年。唐代诗人李白，作《王昭君二首》，其一：

汉家秦地月，流影照明妃。

一上玉关道，天涯去不归。

杜甫也作过写王昭君的诗《咏怀古迹》：

群山万壑赴荆门，生长明妃尚有村。一去紫台连朔漠，独留青冢向黄昏。

画图省识春风面，环佩空归夜月魂。千载琵琶作胡语，分明怨恨曲中论。

董必武也有诗《谒昭君墓》，以颂扬王昭君：

昭君自有千秋在，胡汉和亲识见高。

词客各摅胸臆懑，舞文弄墨总徒劳。

王昭君嫁给呼韩邪单于的政治联姻对汉朝和匈奴的和睦起到了积极的作用，维护了汉朝边疆地区的安宁。历代中原王朝，除了明朝没与蒙古或者女真和亲外，其余的朝代基本都有过和亲的经历。汉代有16位公主和亲匈奴或西域，包括出嫁乌孙国王的解忧公主，在乌孙生活长达五十年。隋唐时中原王朝曾与突厥、回鹘、吐蕃、吐谷浑等和亲，仅唐代就有20位左右的公主和亲，包括出嫁给松赞干布的文成公主。

和亲在处理和协调不同民族关系方面，可以分为主动和被动两种。刘邦时期的汉匈和亲，汉朝是被动的，昭君出塞时与呼韩邪单于的和亲则是汉朝占主导位置。汉朝答应呼韩邪单于的和亲请求，是对南匈奴"事汉"以后的"宠以殊礼"。这也是为什么王昭君比早去草原和亲的公主起到更大作用的原因。昭君出塞的数十年内，汉匈关系一直处于和平相处状态的主要原因，是双方的力量和关系发生了根本性的变化。这里面有王昭君的努力，但也不宜过于夸大其努力的作用。

去和亲的公主们肯定有无奈，或许也有屈辱。这个群体是平凡的群体，也是一个伟大的群体。她们默默地以自己的努力，为边疆的安定做出了难以磨灭的贡献。当然，也有很多人质疑和亲。唐代诗人苏郁曾写过一首《咏和亲》诗，提出"君王莫信和亲策，生得胡雏虏更多"。

第六章

河套平原长城

通常古代文献中提到的大河就是黄河，滚滚黄河流经青海、四川、甘肃、宁夏、内蒙古、陕西、山西、河南、山东9个省（自治区），除了四川之外的8个省（自治区）都有长城。

在一般人的认识里，大多数的大江大河都是滚滚东流。其实黄河的流向在不同地区也不完全一样，在内蒙古和宁夏有一个呈"几"字形的黄河大转弯，滔滔黄河从宁夏过来是从南向北流，在内蒙古这一段是自西向东流，再转为向南流动。这个"几"字形的大转弯里面的土地就是河套地区。在宁夏境内，贺兰山以东区域属于河套；在内蒙古境内，河套包括狼山和大青山以南黄河流经的区域。黄河流经形成的这个大弯曲，历代均以水草丰美著称。

"河套"一名始于汉代，不论是战国时期赵武灵王修建的赵长城，还是秦汉时期的长城以及北魏时期修建的六镇，在河套都有遗址留存。《史记·秦始皇本纪》记载，始皇三十四年（前213）"西北斥逐匈奴，自榆中并河以东，属之阴山，以为四十四县，城河上为塞。又使蒙恬渡河取高阙、阳山、北假中，筑亭障以逐戎人"。"城河上为塞"即指在黄河岸上筑长城，也包括长城上的关隘。这句话特指内蒙古的河套地区。河套平原青铜峡至宁夏石嘴山之间的这段称为银川平原，又被称为"西套"，这个区域主要是明代长城。

宁夏青铜峡北岔口段明长城最完整的夯土遗址（董旭明 摄）

内蒙古狼山和大青山以南的部分，称为"东套"。河套地区的东套又可以分为"前套"和"后套"，包头、呼和浩特一带的土默川平原为"前套"，巴彦淖尔平原为"后套"。

　　河套地区的长城，将可以耕种的土地都圈在了长城之内。按照规律来说，年降水量低于400毫米的地区很难发展农业。河套绝大部分地方降水量都低于这个数字，特别是后套平原的年降水量低于200毫米。这个地区为什么还能发展农业呢？这是因为有黄河水系的灌溉。

第一节　塞上江南的长城遗存

塞上江南说的是宁夏平原，为何这个地方被称为塞上江南？塞指的是长城，塞上指的是远离中原核心统治区域的边疆，是长城沿线区域。唐朝名将郭震有诗《塞上》，描述了较长时期的边塞形势和个人的军事生涯。唐代的边塞即包括了今新疆、甘肃、宁夏、内蒙古等地区。

塞外虏尘飞，频年出武威。死生随玉剑，辛苦向金微。
久戍人将老，长征马不肥。仍闻酒泉郡，已合数重围。

古代说的"黄河百害，唯富一套"就是指宁夏平原。为什么说"黄河百害"？因为黄土高原的植被遭到严重破坏，造成水土大量流失，泥沙被黄河带入下游的华北平原。黄河经常泛滥，黄河有"三年两决口，百年一改道"的说法。据研究黄河的学者统计，历史上黄河下游发生决口1 590次，大的改道就有26次之多。每次黄河决口和改道都会淹没很多地方。

为什么又说"唯富一套"？流经宁夏的黄河中游，在两岸形成了冲积平原。宁夏平原是黄河水量最为丰富的河段，河水年流量约325亿立方米。宁夏平原是整个黄河沿线自然条件最好的地方，地势平坦适合耕种，而且临近连接中原和西域的河西走廊。在宁夏平原站稳了脚，便可控制河西走廊这条贸易和交流通道。因此，在古代，宁夏一直是兵家必争之地。

宁夏的"夏"源于东晋时逐渐形成的五胡十六国，南匈奴贵族赫连勃勃建立了大夏国。赫连勃勃以匈奴是夏后氏之苗裔自居，所以国称大夏。大夏国的都城设在今天的陕西省榆林市靖边县，称"统万城"。这个城之所以名为统万城，赫连勃勃说"朕方统一天下，君临万邦，可以统万为名"，现在还依然保留有很大的古城遗址。

南北朝时期北魏和北周等多个游牧部落占据了宁夏平原，实行移民屯田的政策让塞上江南得到了极大的发展。唐朝的强盛时期，直接控制了宁夏平原和河西走廊。安史之乱中匆匆上位的唐肃宗，便是在宁夏的灵武登基。尽管如此，宁夏平原仍旧属于中原统治王朝的边缘地区。

宁夏在农业和畜牧业方面，形成了独特的优势。北宋时期中原混乱，宋与辽爆发军事冲突的可能性上升。这个时期党项人崛起于河西，李元昊建立的夏国将都城设在了今天的银川。党项人建立的这个夏国，位于当时宋朝的西边，故被称为西夏。

西夏王国的核心统治区是富庶的宁夏平原，这里成了西夏的政治经济中心。西夏国享国两百余年，被蒙古攻灭之后，元朝在原来西夏的核心地域设置了宁夏府路，宁夏因此得名。

宁夏平原是长城重镇。宁夏回族自治区有5个地级市全都有长城，分别是银川市、石嘴山市、中卫市、吴忠市、固原市。全省的地级市都有长城，这在有长城分布的15个省（自治区、直辖市）中是唯一的。

宁夏的地形从北往南依次是贺兰山山地、宁夏平原、鄂尔多斯台地、黄土高原、六盘山山地等。宁夏的地理格局大体呈两山夹一河的面貌，河流指的是黄河，两山是贺兰山和六盘山。贺兰山位于宁夏的西北边缘，海拔为2 000～3 000米，是宁夏西部的天然屏障。

宁夏的南部和北部，呈现出截然不同的景观。南部有山地高原区，气候较为干燥、降水也很少，为战国秦长城所经之地；北部有黄河中游的灌溉平原，水草丰沃、宛若江南水乡，秦汉长城从宁夏北边经过。

宁夏在古代处于中原的边疆。最早对宁夏平原进行开发的是战国时期，秦将此地设为北地郡并修筑了长城。战国秦长城东起固原市彭阳县，经原州区，西迄西吉县。秦始皇长城也经过了固原市，分布于原州区和彭阳县。

此后，汉代、隋代与明代也在河套平原修筑有长城。

宁夏长城不论是早期长城还是明代长城，主要使用的建造材料都是以土为主，很少有石材。石墙主要分布在贺兰山段，明代长城一些较大的城堡会有砖包墙体，但用砖材并不多。不同的地理位置，土质也有很大的不同。河东长城临近毛乌素沙漠，土质含沙量相对较高。宁夏长城构筑的方式和陕西、内蒙古、甘肃等地都差不多，主要包括：黄土夯筑、土石混筑、石块垒砌、利用山险河险等，也有在长城墙体外侧疏挖壕堑的。

第二节　收复河套与汉长城

秦汉时期开发河套，目的是为了保障长城地区的安全。任何地方遭受战争之痛，倒霉的永远是老百姓。任何战争的发动，统治者都有责任，发动战争对长城内外双方来说都是危险的选择。当然有很多时候，这也是历史人物很无奈的选择。他们需要思考，打与不打到底给王朝带来什么？

汉武帝收复河套之后选择了不打，在秦始皇长城以北修建长城，彻底将河套圈在长城防线以内。河套则成为华北平原和黄土高原安全的屏障，河套距关中只有数百里的路途，匈奴骑兵一昼夜就可以长驱直入，抵达汉朝的都城，中间也基本无险可守。所以，汉朝非常重视河套的军事防线。

汉朝一些政治家和军事家，对是否修建长城防御匈奴有过很多的论述。这些论述主要是基于汉匈双方军事方面的优劣比较，修建长城有利于对匈奴的防御。

《汉书·晁错传》记载，晁错认为匈奴具有三大优势：

一是"上下山阪，出入溪涧"；二是"险道倾仄，且驰且射"；

三是"风雨罢劳,饥渴不困"。

在艰苦环境下练就的吃苦耐劳精神和骑射作战的速度与灵活性,是匈奴军队的优势所在。任何优劣势其实也都是相对的,晁错同时指出了匈奴军队的五大不足:

一是"若夫平原易地,轻车突骑,则匈奴之众易挠乱也";

二是"劲弩长戟,射疏及远,则匈奴之弓弗能格也";

三是"坚甲利刃,长短相杂,游弩往来,什伍俱前,则匈奴之兵弗能当也";

四是"材官驺发,矢道同的,则匈奴之革笥木荐弗能支也";

五是"下马地斗,剑戟相接,去就相薄,则匈奴之足弗能给也"。

这些匈奴军队的不足,恰恰正是农耕军队的军事优势。扬长避短,就是要尽最大努力削弱匈奴的优势,使其劣势得以暴露在自己的优势之前。

汉朝修建长城主要是汉武帝对匈奴作战取得胜利之后做的事。汉对匈奴由消极防御转入主动进攻也有过争论。

元光二年(前133),武帝召集公卿朝议对匈奴用兵的问题。《汉书·韩安国传》记载,汉武帝说:"朕饰子女以配单于,币帛文锦,赂之甚厚,单于待命加嫚,侵盗无已。边境数惊,朕甚悯之。今欲举兵攻之,如何?"朝廷中也出现了"主战"与"言和"两种意见。

大行令王恢坚决支持汉武帝反击匈奴,他说:"汉与匈奴和亲,率不过数岁即背约,不如勿许,举兵击之。"他认为,已经到了有条件解决这个问题的时候,就要下决心采取行动。

御史大夫韩安国则表达了不同意用兵的主张，他说："千里而战，即兵不获利。今匈奴负戎马足，怀鸟兽心，迁徙鸟集，难得而制。得其地不足为广，有其众不足为强，自上古弗属。汉数千里争利，则人马罢，虏以全制其敝，势必危殆。臣故以为不如和亲。"

主战派从维护汉朝的长久利益出发，充分肯定对匈战争。言和派则认为战争劳民伤财，不会有好结果。关于战与和的争论，《史记·酷吏列传》记载了一个博士狄山的故事。博士狄山是主和派，面对汉武帝的询问，博士狄山说："和亲便。"

这里的"便"，是在回答汉武帝。他认为，还是和亲有利、有益的意思。

武帝问其为什么主张和亲，狄山说："兵者凶器，未易数动。"武帝又不动声色地问狄山："吾使生居一郡，能无使虏入盗乎？"意思是，派你掌管一郡，你能不让匈奴进犯吗？狄山回答"不能"。

武帝又问："居一县？"狄山回答仍是"不能。"

"居一障间？"再问时，狄山答"能"。

狄山真被派去长城地区戍守障塞了。一个多月后，狄山被入障塞抢掠的匈奴斩了头。汉武帝就是主战派，文武百官没有人再敢反对征战匈奴。

汉朝确定了对匈奴用兵的目标，汉武帝发起对匈奴的全面战争。从元光六年（前129）至征和三年（前90），汉朝前后用了近四十年的时间，投入总兵力累计超过了百万。在有影响的十多次重大战役中，起决定性作用的战役有三次，每次大战役之后都在新的控制地域修建了长城。

汉武帝北征匈奴的战役，首先就是要占据河套。在河套修建长城，发展移民屯田都体现了对这个地区战略地位的重视。移民屯田是构建军事防御体系的一部分，因为在河套驻守重兵就需要后勤保障，而这个地区人烟稀少，加之交通不便，粮饷运输十分困难。据《汉书·武帝纪》记载，移民人数最多的一次是元狩四年（前119），"关东贫民徙陇西、北地、西河、上郡、会稽，凡七十二万五千口"。为了加强军屯的领导，汉代在军队建制中设有"农都尉"和"田官"，专管军队中的农业生产。《史记·匈奴列传》记载，武帝元狩四年（前119），从朔方到令居"置田官吏卒五六万人"。

汉武帝发动对匈奴战争，也曾经努力和匈奴和好。汉武帝天汉元年（前100）派遣苏武出使匈奴，就是寻求与匈奴和解。李白曾经以《苏武》为题，写过一首诗：

苏武在匈奴，十年持汉节。白雁上林飞，空传一书札。
牧羊边地苦，落日归心绝。渴饮月窟冰，饥餐天上雪。

苏武被扣押在匈奴十九年，始终不受诱降，他的行为给后世留下了宝贵的精神财富。

汉长城形成的整个过程，大体可分三个阶段：汉武帝修筑长城以前；汉武帝远征匈奴之后；东汉时期。

汉长城除借助自然天险构筑起坚固而连绵的墙垣外，还特别注重障、坞、燧、关等各种设施与墙体的互相配合。从战略和战术上来看，汉长城是按照汉朝的既定战略修建的。

第三节 "草率"的隋长城

明人的《隋炀帝集》收录了隋炀帝杨广的《饮马长城窟行》。这位曾经大修长城的皇帝，在诗中阐释了为什么要修建长城。这首诗的第一段就写道：

肃肃秋风起，悠悠行万里。万里何所行，横漠筑长城。
岂台小子智，先圣之所营。树兹万世策，安此亿兆生。

杨广身为帝王，对修筑长城做了充分的肯定。诗中称修建长城是"先圣之所营"，目的是"树兹万世策，安此亿兆生"。

隋朝修建长城是为防御突厥、契丹、吐谷浑等北方部族，隋文帝立国之初就开始在北方修建长城。隋文帝和隋炀帝前后7次修筑过长城。

隋文帝和秦始皇一样，都较大规模地修建了长城。隋文帝即位初年，北部边疆即面临着突厥人的侵扰。《隋书·长孙晟传》记载："高祖新立，由是大惧，修筑长城，发兵屯北境，命阴寿镇幽州，虞庆则镇并州，屯兵数万人，以为之备。"

宁夏盐池隋代长城（董旭明 摄）

《隋书·高祖纪》记载，开皇元年（581）四月，"发稽胡修筑长城，二旬而罢"。稽胡是古族名，匈奴的另一别种。（《周书·异域传上·胡》："稽胡一曰步落稽，盖匈奴别种。"）征用胡人修长城，此前基本没有记载。这件事靠得住吗？结果文献记载："发南汾州胡千余人北筑长城，在途皆亡。"这里的亡，并不是都死了，而是说都跑了。

在山西省岢岚县曾发现一方隋朝筑长城的刻石。《中国文物报》2009年9月18日发表的《山西苛（岢）岚县发现隋朝筑长城刻石》记载，该刻石保存较完好，长41厘米、宽21厘米、厚9厘米，上刻："开皇十九年七月一日栾州元氏县王□黎长□领丁卅人筑长城廿

山西岢岚出土的隋朝修建长城石碑（作者 摄）

步一尺西至□□□□□。"

　　这方刻石由岢岚县农民于2007年犁地时发现。耕地里无长城遗迹，而山上发现有长城遗迹。山顶部的长城为石筑，现已塌为石滩状，高50～80厘米。山腰部长城为土筑，地表残高约1.5米，夯土层13厘米。从当地的西山向发现刻石的地点望去，其耕地上方即有长城遗址向东山延伸，刻石出土地恰为土筑长城经过之处。

　　隋炀帝时期继续修建了长城，依然是防御北方的突厥和西北的吐谷浑。大业三年（607）七月，隋炀帝调百余万人修筑长城，西起榆林（治今内蒙古托克托西南），东达紫河（今内蒙古和林格尔境内），东西"绵亘千余里"。《隋书·炀帝纪》记载，大业四年（608），"秋七月辛巳，发丁男二十余万筑长城，自榆谷而东"，其分。长城的修建情况大体如下：

东长城由陕西定边进入宁夏盐池县，向西抵黄河边的横城。《北虏事迹》记载："（成化）十年（1474），巡抚宁夏都御史徐廷璋、镇守都督范瑾奏筑河东边墙，自黄沙嘴起，至花马池止，长三百八十七里。"《嘉靖宁夏新志》亦载："自黄沙嘴起至花马池止，长三百八十七里。成化十年（1474），都御史余子俊奏筑，巡抚都御史徐廷璋、总兵官范瑾力举而成之者。"

《北虏事迹》又载："正德元年（1506），总制陕西边务左副都御史杨一清建议大发丁夫，宁夏并西安等二十四卫所四万名，西安等七府五万名，共九万人，帮筑先年都御史徐廷璋等所修旧墙，高厚各二丈，墙上修盖暖铺九百间，用军四千五百人守之。挑浚旧堑，亦深阔各二丈。"这次修筑长城于正德二年（1507）四月开始施工。但仅自西而东筑了三十里长城，九万丁夫因"聚集汲爨艰难，又皆露宿，风雨无所避，多生疾病，至有死者，人心怨怼，遂折竿悬旗，呼噪欲溃散。管工官令骑兵，围而射之，乃止"。结果九万丁夫只修了花马池城，便各回各处了。

嘉靖十年（1531），三边总制王琼认为，宁夏河东长城因年久失修，圮塌严重，又离军营较远，于作战不利，所以将兴武营以东的长城南移，并在墙外挖挑壕堑，称之为"深沟高垒"。《嘉靖宁夏新志》记载：这次施工完成于嘉靖十四年（1535）。后来王琼将"深沟高垒"的修筑办法，上表奏请继续向东推广至榆林镇。

东长城的修建还有一个小人物的故事。东长城的花马池防御区

宁夏银川三关口明长城（董旭明 摄）

有一座被称为八步战台的地方，有个传说故事被收录在《中国民间故事集成·宁夏卷》中。中国的文献很少记录小人物，而长城的建造者又主要是这些小人物。

传说明朝廷派黄大人率兵在花马池修筑长城和战台，黄大人找来两名工匠各带一众民工，分别建造两座战台。两个工匠中有一个叫毛福早,他夸下了海口,一年可以建成三座战台,另一个工匠张大实则坚持三年才能建造一座战台。

一年之后,毛福早果然修筑了三座战台,但是没过几年就倒了。而张大实三年后完工的战台高有七丈,筑于几十丈见方的坞城之中。坞城四周有小城壕环绕,战台顶部围以垛口,垛口四面开设箭窗。战台内部分为三层,正中有过道,四面有房屋,还有踏步可以登临顶部,的确是一座既雄伟壮观又牢固实用的战台。据说,这座八步战台直到1970年才被毁掉。长城的修建过程中有很多张大实这样的工匠,以自己的执着诠释着精益求精的工匠精神。

北长城有两道,由宁夏银川灵武县横城沿黄河向北至内蒙古巴音陶亥农场北,过黄河抵石嘴山境东北贺兰山脚下,为旧北长城;新北长城在旧北长城南,宁夏平罗具境内。《皇明九边考》记载:"宁夏北,贺兰山、黄河之间,外有旧边墙一道。嘉靖十年(1531),总制王琼于内复筑边墙一道,官军遂弃外边不守,以致边内田地荒芜。"这条旧边的修筑年代应是明初至弘治年间。

另外,在北长城与东长城之间,沿黄河东岸修有一道较为简易的防御工程,当时称为长堤,其实也是宁夏长城的一个组成部分。《皇明九边考·宁夏镇·保障考》记载,嘉靖十五年(1536),"与外边对岸处修筑长堤一道,顺河直抵横城大边墙,以截套房自东过河以入宁夏之路"。

西长城起于宁夏石嘴山市境内,沿贺兰山由北向南进入中卫市后,改沿黄河西行进入甘肃靖远县。由石嘴山市东北扁沟循贺兰山麓向南至青铜峡市广武乡苋苋沟一带，大部分史料记载都是嘉靖至万历年间所修筑。这中间只有打硙口、赤木口保存了旧有防御工程遗址的记载。《嘉靖宁夏新志·宁夏总镇》记载："（贺兰山）沿山诸口，虽通虏骑，尚有险可凭；北则惟打硙，南则惟赤木，旷衍无碍。打硙旧有三关，自正德五年（1510）以来，渐至颓圮。"嘉靖十九年（1540），都御史杨守礼镇守宁夏时，在给朝廷的一封奏折中亦道：打硙口"旧设石砌关墙三道"。

关于赤木口，"嘉靖丙申，大司马刘公总督三边军务，深以宁夏失险为忧，乃著安夏录示前巡抚吴公，二载渐复其旧。其不能修者，赤木关也。盖山势到此散缓，溪口可容百马，其南低峰仄径通

宁夏北岔口段明长城（董旭明 摄）

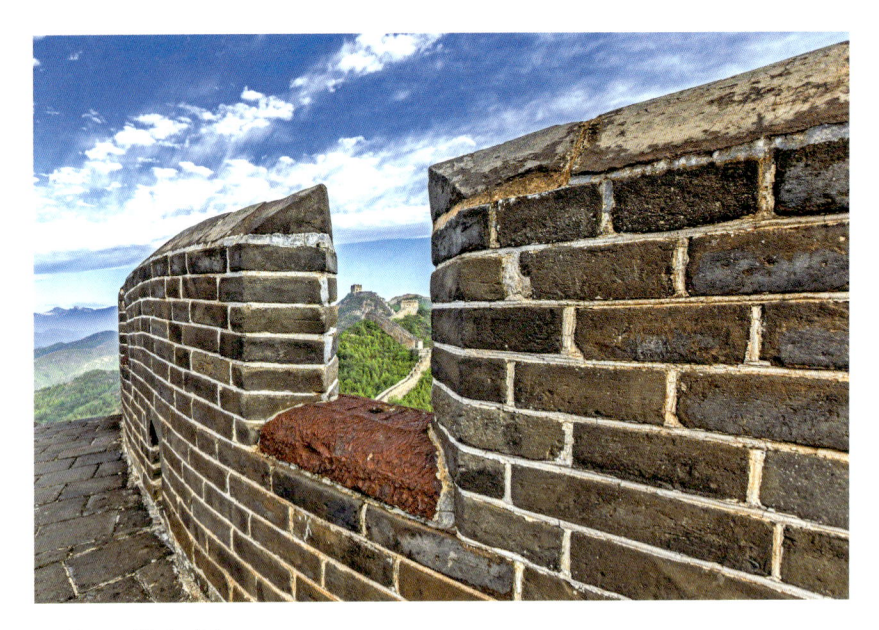

长城垛口（杨东 摄）

宁夏银川贺兰山环形十连墩明长城（董旭明 摄）

虏窟者，不可胜塞。山麓有古墙，可蹴而倾也"。

宁夏青铜峡广武乡芨芨沟一带至中卫与甘肃靖远县交界处的天关墩，为成化至隆庆年间所筑。《读史方舆纪要》记载："成化十三年（1477）镇臣请修宁夏西路永安墩至西沙嘴一带边墙"。《明会要》记载："（成化）十五年（1479）十一月，筑宁夏沿河边墙。"《边政考·宁夏卫》记载，宁夏中卫在弘治年间所管辖的长城在今中卫县城以北，从"镇关墩起至天关墩止，长二百十里"。

根据国家文物局《关于宁夏回族自治区长城认定的批复》认定：明长城宁夏镇主要分布在今宁夏回族自治区，东起吴忠市盐池县，经利通区、红寺堡区，青铜峡市，吴忠市同心县，石嘴山市惠农区、平罗县、大武口区，银川市贺兰县，灵武市，银川市兴庆区、永宁县、西夏区，西迄中卫市沙坡头区。

第五节　冬防困难而修的明长城固原镇

固原镇，与山西镇同为内长城，但位于宁夏平原南部的固原镇，大部分为黄土丘陵区。从防御的角度来说，除西有黄河外几乎无险可守，而河冻则敌来，冬防十分困难。加强固原地区的军事防御，这对于明朝来讲是一件必须做好的事。作为"九边"之一，固原的军事地位随着西北局势的日趋紧张而不断提升。

固原城始建于汉武帝元鼎三年（前114），当时是安定郡高平城。北周天和四年（569）正月新筑原州城。为加强固原的军事防御，明朝重新修筑了固原城。景泰三年（1452）设置固原守御千户所，驻军千余人。弘治十五年（1502），命户部尚书秦纮修筑长城。同年，三边总制为定制，标志着固原镇正式设立。《皇明九边考》记载："弘治间，总制秦纮筑内边一条，自饶阳界起西至徐斌水三百余里，系固原地界；自徐斌水起，西至靖虏花儿岔止，长六百余里。"

秦纮是景泰二年（1451）进士，成化年间曾遭诬陷下狱，宪宗令抄其家。结果只抄到敝衣数件，宪宗十分感慨地对大臣们说：官至巡抚之人，贫穷成这样，哪会是贪暴之官。秦纮被当朝释放，宪宗还赐钞万贯，以表彰其廉洁清明。

弘治十四年（1501）秦纮筑长城之后，武宗正德元年（1506），杨一清被任命为延绥、宁夏、甘肃三边总制时期，亦修筑过固原镇长城。他认为秦纮仅修四五座小堡及靖虏至环庆治堑七百里，不足以拒敌。朝廷批准了他的建议，发帑金数十万筑长城，其中就包括固原镇石涝池至定边营的163里（约93.89千米）长城。杨一清不愿意加入武宗宠信的宦官刘瑾的私党，而遭诬陷以"冒破边费"逮下锦衣狱，修建长城的计划未全部实施，据《固原州志·地理志》载，杨一清"修边四十余里"。

固原镇由环县（今甘肃庆阳市）北境向西的长城，则主要为嘉靖年间修筑。嘉靖九年（1530）发现秦纮修筑的长城已经"墙堑低浅，日久坍坏填塞"，无法阻挡来自河套的游牧军队，于是在原来基础上修缮，同时又在今武威的青沙岘，铲崖挑沟四十里，加深了护沟，加固了防御工事。至此，固原镇长城由环县北境向西的防御工程完成。

国家文物局《关于宁夏回族自治区长城认定的批复》认定：明长城固原镇主要分布在今宁夏回族自治区固原市原州区、西吉县中卫市中宁县、海原县等地。

第六节　专栏：不到长城非好汉

"不到长城非好汉"，早已是在国内外都有很大影响的名句，却很少有人知道到底是哪一条长城。其实这句话出自毛泽东的一首著名的词《清平乐·六盘山》：

天高云淡，望断南飞雁。不到长城非好汉，屈指行程二万。六盘山上高峰，红旗漫卷西风。今日长缨在手，何时缚住苍龙？

"不到长城非好汉"指的是宁夏固原六盘山西麓的战国秦长城。这条长城是战国中后期，秦国灭掉西北部义渠戎之后所修建的，目的亦是为了防御西戎等游牧势力。

今天，世界文化遗产长城已经成为世界各国游人向往的旅游胜地。"不到长城非好汉"已经成为中外游人熟知的一句名言。长城作为中国的地理坐标，中华文化的承载，吸引着越来越多的游人。特别是对外交流方面，长城已经成为一条友谊的纽带，把中国和世界各地的朋友们连在一起。

我曾先后两次，陪同两位时任美国总统登上长城。外交部挑选陪同美国总统的专家，要求此人不仅要对长城的历史了如指掌，更要能表达长城所代表的精神，我有幸接受了外交部的这个任务。1998年6月陪同美国总统克林顿参观的是慕田峪长城，2002年2月陪同布什总统参观的是八达岭长城。

当美国总统面对长城这一伟大的古代防御工程时，提出了一个大多数人都想知道答案的问题：为什么要耗费这么大的人力和物力来修筑长城？我给出了自己的答案："要建立起农耕与游牧交错地带秩序才会修筑长城，中国人修长城是为了和平。"

我告诉美国总统："建筑长城的人并不想打仗，只有渴望和平、不想打仗的民族，才会投入这么大的人力、物力建筑万里长城。修建长城的人不可能背着长城去打别人。"布什总统参观完长城后，在留言簿上签名，我走上前对布什说："请总统先生在长城为和平写一句话。"布什欣然题写了："Peace to our people and best wishes." 新华社报道时翻译为："祝愿我们的人民永享和平和好运。"

第七章

河西走廊长城

河西走廊是甘肃省西北部一个狭长的堆积平原。河西走廊从地理区位来看，处于青藏高原、内蒙古高原与黄土高原的交汇地带。其南接青藏高原，北连内蒙古高原，向东则与黄土高原毗邻。在古代，这个走廊形同中国和世界联系的大门，既可以通过丝绸之路经商，又促进了文化的交流。

河西走廊的地理坐标位于北纬37°～40°，东经92°～103°。河西走廊东起乌鞘岭，西达敦煌，南靠祁连山脉，北靠龙首山等诸山，长约1 000千米，宽数千米至近200千米，因其形状与走廊相似，又地处黄河之西而得名。

河西走廊的气候属大陆性干旱气候，许多地方年降水量不足200毫米，但祁连山冰雪融水丰富，灌溉农业发达，是西北最主要的商品粮食基地和经济作物集中产地。主要种植春小麦、大麦、玉米，及少量高粱、马铃薯，因此本地的主食以面食为主。油料作物主要为胡麻。瓜类有西瓜、仔瓜和白兰瓜，果树以枣、梨、苹果为主。

由于自古以来干旱少雨的气候，当地人对水极其重视，形成了深厚沉淀的水文化。如果说水是游牧民族逐水草而居的前提条件，那么对于以灌溉农业为主的河西走廊农耕民族来说，水是河西农业发展的生命线，争夺水源成为农牧之间冲突的重要原因之一。

河西走廊内部地势起伏较大，不少地方都有干燥剥蚀的丘陵、山地突出于平原之上。走廊中间是2～3千米宽的冲积平原，它们又被突出其间的丘陵、山地分割为武威平原、张掖—酒泉平原、疏勒河平原。每个平原的中部多是绿洲区，沟渠交错，耕地如织。在这片狭长的走廊上，金昌、武威、张掖、嘉峪关、敦煌等城市分布其间。走廊总面积约40万平方千米，主要聚居生活着汉、回、藏、蒙古、裕固等四十多个民族的500多万人。狭长的地貌特征、诸多绿洲星状散布，又为古往今来的许多游牧民族提供了优越的活动场所。

长久以来，河西走廊以其历史内涵、地理位置和独特的人文景观，在古代北方各民族政治、经济、文化交流中占有举足轻重的地位。河西走廊以自然地理为基础，建构了既不同于以青藏高原为载体的藏文化区，也有别于古代丝绸之路西段的西域文化区，其文化更是与其北部的内蒙古高原的游牧文化区迥异。自西汉开通丝绸之路至今，河西走廊已走过了两千多年的历史。

河西走廊的长城主要是汉代长城和明代长城，有的汉代烽燧为明代所修缮和利用。

第一节　铁马西风汉河西长城

河西长城分布在今甘肃境内黄河以西，河西因位处黄河之西而得名。铁马西风的汉代河西长城，为保障和平起了很大的作用。秦汉之际，河西走廊各方势力经历了一个大变动时期。这时月氏由强变弱，匈奴则越来越强大，直到匈奴独占河西。河西控制力量的转变，都是通过战争来实现的。直到汉朝占据了河西走廊，这里才有了相对稳定的和平环境。

秦始皇时期匈奴势弱，一度甚至曾受制于大月氏。后来秦朝乱了接着走向了灭亡，才给了匈奴以喘息的机会。楚汉相争时期，冒顿单于向西攻打月氏，迫使月氏向西迁移，随后又对月氏展开了一连串的战争，最后大月氏王被杀，其民逃往大夏，小部分逃入南山，号为小月氏，而匈奴占据了河西原月氏的领地。匈奴战胜月氏之后，原来依附大月氏的乌孙归附了匈奴。汉文帝后元四年（前160）以后，匈奴继续向西用兵，先后又征服了楼兰、乌孙、呼揭及西域26国。

河西走廊是历代兵家必争之地，对匈奴人来说至关重要，对汉朝来说也同样如此。汉代通过征战实现向西发展，为占据河西走廊奠定了很好的基础。夺取河西后，汉武帝移民设郡、筑塞布防，从而出现了汉河西长城。河西长城成了断绝匈奴和西域联系的工具，成为汉朝向西控制西域的"根据地"和交通要道，也是汉朝使臣西去和西域使臣东进的必经之路。这个区域发展得很好，从出土简牍中可以看到河西走廊当时的繁忙景象。

汉朝夺取河西走廊后，张骞向汉武帝提出联合乌孙的计划。建议通过和亲的方式拉拢乌孙，成为汉朝进攻匈奴的支持力量。张骞出使西域，西域诸国与西汉的联系真正建立了起来。

甘肃瓜州汉长城头墩（董旭明 摄）

汉朝在河西修筑长城并在河西走廊开设武威、酒泉、张掖、敦煌四郡，被称为"河西汉塞"，加强了对这里的行政管理。匈奴丢了河西走廊地区则是非常痛苦的记忆，匈奴有民歌唱道："亡我祁连山，使我六畜不蕃息，失我焉支山，使我妇女无颜色。"

随着河西四郡的建立，汉朝分四次在河西走廊修筑了长城边塞防御工程。

第一次，元鼎六年（前111），筑令居塞。在初置酒泉郡的同时，为维护陇西至酒泉的交通、保卫移民屯田的安全，武帝开始修筑东起令居，西至酒泉的防御工程。根据近年的考古调查，这道防御线东与秦塞相接，首起于今兰州市河口的黄河北岸，沿庄浪河，经今永登县，武威市天祝藏族自治县，越乌鞘岭，蜿蜒西北，先后沿古浪河、洪水河、西营河、金川河、山丹河、黑河，经今古浪、武威、永昌、山丹、张掖、临泽、高台等市县的北境，西止于酒泉市北的北大河（讨赖河）东岸。

第二次，元封三年（前108），筑酒泉塞。武帝决意进取西域，在派遣赵破奴西击车师的同时，为维护河西入西域的交通，由酒泉至玉门关，修筑防御工程。这道防御线，东起于今酒泉市金塔县东北的天仓乡，先后沿北大河北岸、北石河两岸、疏勒河两岸，向西延伸，经今嘉峪关市、玉门市、酒泉市瓜州县、敦煌市北境，西止

敦煌玉门关汉代长城（作者 摄）

于疏勒河下游榆树泉盆地东缘的湾窑以西。

第三次，太初三年（前102），筑居延塞和休屠塞。为策应李广利第二次伐大宛，以防匈奴趁机南下河西，切断后援，于酒泉、张掖北之居延泽、休屠泽，筑塞设防，屯田驻守。其中，居延塞南起今酒泉市金塔县南之正义峡，沿黑河（额济纳河）东岸北上，于鼎新至金关遗址段，则夹河筑塞，以保卫肩水都尉所属屯田区。出金关后，仍沿黑河东岸，筑烽燧线，北上入内蒙古额济纳旗境，于古居延泽西，以三道防御线，将额济纳河下游三角洲围入垦区，置居延都尉，驻兵屯田。

第四次，天汉元年（前100）筑敦煌以西之烽燧线。李广利第二次伐大宛凯旋，从此西域道路畅通。于是，汉自敦煌西至盐泽（即罗布淖尔），设置烽燧线、传送文书、接待使节，保护交通安全。对于这道烽燧线，我们所知不多。此段烽燧线当指西域都护所属驿道上的邮亭。此种邮亭既作路标、候望，亦作邮传、驿舍使用。

到了东汉光武帝建武二十四年（48），匈奴分裂为南北二部。南匈奴归汉，与长城内农耕区的关系和睦了，北匈奴处于孤立境地，只能远远地退居漠北。东汉初期，光武帝刘秀因"方平诸夏，未遑外事"，匈奴又成了中原的外患。永平十六年（73），汉军分兵四路出击北匈奴，西路奉车都尉窦固、骑都尉耿忠所率之酒泉、敦煌、张掖三郡兵，再加上卢水羌胡一万二千骑，出酒泉塞击败匈奴并置宜禾都尉，屯田伊吾（今新疆哈密）。

甘肃金塔芦草井汉长城（董旭明 摄）

　　第二年，窦固等率军再次西征，胜利后重置西域都护。和帝永元元年（89），汉军在南匈奴帮助下又大败北匈奴，并追逐五千里（约2 079千米）到燕然山（今蒙古国杭爱山）勒石记功而返。此后连续两年，汉军又出塞五千里，大破北匈奴，逼迫单于逃遁。此时，战争早已远离了河西走廊，这里迎来了和平的岁月。

　　关于汉代长城的结构，《汉书·匈奴传》有记载，郎中侯应说"起塞以来百有余年，非皆以土垣也，或因山岩石，木柴僵落，溪谷水门，稍稍平之，卒徒筑治，功费久远，不可胜计"。由此可知，汉代所筑的边防设施，皆因地制宜，或版筑土垣，或垒石砌墙，这一点也为现在的长城考古调查所证实。

河西走廊汉长城主线的走向，大体上与明代边墙的走向保持一致。在甘肃境内的黄河岸边有两个起点，即今甘肃景泰境内黄河渡口与今甘肃永登西北黄河渡口，并且二者自起点处分别向西、向北方向延伸，最后在今甘肃古浪境内合为一道长城，而后继续向西延伸，贯穿河西全境，远达盐泽（今罗布泊）。

依据国家文物局长城资源调查认定，甘肃省河西走廊汉长城东起兰州市永登县，经武威市天祝藏族自治县、古浪县、凉州区、民勤县，金昌市金川区、永昌县，张掖市山丹县、甘州区、临泽县、高台县，酒泉市金塔县、玉门市、瓜州县，西迄敦煌市。

甘肃金塔芦草井汉长城（董旭明 摄）

甘肃金塔兔儿墩汉长城（董旭明 摄）

第二节 居河西要冲的明长城甘肃镇

　　甘肃、宁夏、延绥的长城防线建设并非一蹴而就，明长城各镇的长城墙体和城堡都是逐步完善起来的。甘肃镇所在的西北边镇，终明之世，其变化与其他的军镇相比都较小。甘肃镇掌控着西北边疆，屹立于北边防线的最西端。一夫当关万夫莫开，这里始终是明代北边防线上的西翼保障。除了进攻方决定铤而走险，这里总体形势还是安全的。

　　甘肃镇在九镇之中是设镇最早的边镇之一。甘肃镇总兵也是洪武期间北边防线较早设置的总兵官，足可见明朝对于甘肃镇战略地位的重视。《重修肃州新志》载："太祖洪武五年（1372），宋国公冯胜将兵略定河西。"在这次胜利后冯胜还建了嘉峪关城。

　　河西走廊属甘肃镇的管辖区域，在河西先后设置甘州五卫、凉州、高台、肃州、庄浪、镇番、永昌等卫，卫下又设所立堡，设置了不少边关重镇和各级卫所。河西的城镇、堡寨、烽燧、亭障各司其职，保证城镇的生产生活，共同组成了一套完整的军事地区城镇正常运转的体系，即长城学里"边疆社会"的概念。

　　这些边防重镇和各级卫所，成为军事上控制边关和在边关有一定范围影响力的中心。在这样的区域中心设置军事长官、驻扎精兵

甘肃酒泉地区明代烽火台（董旭明 摄）

甘肃酒泉地区明代烽火台（董旭明 摄）

强将，推动了行政和军事机构的建立，成为边关互市贸易的重要场所，如甘州就是开展茶马互市、繁荣边贸的主要场所。嘉靖年间，巡茶御史以甘州番族颇多，比照西宁、洮河四司成例，于甘州建设茶司。人员的集聚和贸易是河西城镇发展的重要因素，各级卫所、城堡逐渐演变为城市或城镇。

河西明代长城的选址及布局，不仅有来自干旱地区沙化、水蚀等自然环境的制约，还受疆域消长、防线内缩等人文环境的影响。故此，正是在这种地理环境的影响之下，河西明长城的选址与布防，表现出较为明显的区域特色。

河西明长城的墙垣是其主要组成部分。长城墙垣，即长城的本体，由连续不断的墙体构成，包括墙体上所修筑的城门、马面、敌台、女墙、暗门等各种军防设施。从其构筑方式来看，主要有版筑的黄土夯筑墙体、黄土夹沙墙体、崖榨墙体、劈山墙体，也有少数的片石黄土砌筑墙体等。

河西长城中主要墙垣是黄土夯筑墙体，修筑时多采用版筑夯土成墙的构筑方法。此种方法为我国最早采用的构筑墙垣的方法之一，其通常以木板为模，并利用黄土的黏结特性，将黏土或砂石填于模板之中，层层用石件夯实而成。同时，为了使夯筑的墙体更加坚固耐用，夯筑的黄土墙体通常有明显的收分。

片石黄土砌筑的墙体在坚固耐用性上稍逊于黄土夯筑墙体。这种墙体多见于长城所在的山岭地段，因在修筑过程中采用片石和黄土分层砌筑，即一层片石一层黄土，通常片石厚10～15厘米，土层厚10～12厘米，故又名片石夹土墙体。诸如今甘肃景泰县索桥堡段与嘉峪关黑山脚下的悬壁长城北端的墙体均采用此种方法构筑。

除了土石垒砌夯筑的墙体，崖柞墙体也是河西明长城中较为特殊的一类墙体。这是河西明长城墙体构筑中最能体现"因地制宜，就地取材"原则的经典范例。此类墙体一般修于险要的位置，因在山险之处难以夯筑土墙，故多修建崖柞墙体作为御虏的屏障。从河西明长城的现存遗迹来看，崖柞墙体早已隳毁殆尽，实物荡然无存。因崖柞墙体没有实物遗存，故目前学者们一般认为河西崖柞墙体所选用的修筑材料是树木、木板等。

此外，壕堑也是河西明长城防御体系的一个部分，也是河西长城构筑的一大特色。这种构筑方式的普遍使用，进一步体现了河西长城"因地形，用险制塞"的营建原则。通常在不易筑墙的地方，

明长城天田，壕堑，边内亭障（董旭明 摄）

嘉峪关董家沟土坯垒砌的墩台（作者 摄）

以修筑壕堑来代替夯筑墙体，即挖有深、宽各若干米的沟，并将所挖取之土，堆在壕沟的一侧。

河西明代的壕堑，承袭汉代壕堑修筑的成功经验，在肃州境内的高台、嘉峪关及山丹等地区修有边壕。这种基于"因地制宜"原则下的壕堑，在河西明长城防御体系中，既有作为墙体形式的边壕，因地形低洼且不易建筑墙体而掘地挖沟防御；又有作为辅助边墙的外壕，列置在墙体外侧，据此形成双重防线的格局。

明朝河西长城的历次营建者，在防守修边之时不仅积极修筑墙垣，疏浚壕堑，而且极为重视城堡、关隘、烟墩等附属设施的建设。除了构建墙体和壕堑，还最大限度地利用山体、河流、沟谷等自然险构成一道有效的御敌防线。这样做不仅能保障防御效果，还可达到省时、省财、省力的目的。

河西走廊的明长城控制地区，形成了一个既能限制南北往来，又能管理东西交通的要冲之地。这种独特的地理环境，便利的交通网络，使之在军事上具有得天独厚的地利优势。

明代在河西的防务建设，受制于河西军事态势的影响最为明显。甘肃镇长城的修建，自成化元年（1465）至万历二十七年（1599），前后历经一百三十多年。长城修筑主要集中于嘉靖、隆庆、万历年间。由此形成一道主体以今甘肃白银市景泰县、兰州市境内黄河岸边为起点，西至武威市古浪、凉州、民勤，金昌市永昌，张掖市山丹、临泽、高台等处，再经酒泉北部，而后进入嘉峪关市境内，又至讨赖河，最后延伸于南部祁连山区的长城防御线。

国家文物局长城资源调查认定，河西走廊明长城东起庆阳市环县，经白银市平川区、靖远县、白银区、景泰县、兰州市榆中县、皋兰县、城关区、七里河区、安宁区、西固区，临夏回族自治州永靖县，兰州市永登县，经武威市天祝藏族自治县、古浪县、凉州区、民勤县，金昌市永昌县、金川区，张掖市山丹县、民乐县、甘州区、临泽县、肃南裕固族自治县、高台县，酒泉市金塔县、肃州区，西迄嘉峪关市。

第三节　嘉峪关的守护者及巡检司

嘉峪关市位于甘肃省西北部，河西走廊中部靠近西部的地段。明代万里长城西端的起点嘉峪关城，位于嘉峪关市西4.5千米处。地理坐标为北纬39°37′58″～39°50′29″，东经97°49′52″～98°31′24″。

嘉峪关是明长城的西端起点，洪武五年（1372）建嘉峪关城，

嘉峪关的路（杨东　摄）

明洪武二十七年（1394）设嘉峪关所属肃州卫；清置肃州直隶州，嘉峪关亦归其管辖，嘉庆至同治年间在嘉峪关曾设巡检。

明代的嘉峪关，已经是王朝的西部边疆，对中原人来说，出了嘉峪关就算是别离故土了。嘉峪关城很独特，从长城外边由西向东看关城和从东边的长城内向西看关城，会有两种截然相反的感受。

1842年10月，林则徐被遣戍新疆伊犁，路过嘉峪关时作诗云：

嘉峪关门洞（杨东 摄）

嘉峪关与雪山(杨东 摄)

"除是卢龙山海险,东南谁比此关雄。"山海关和嘉峪关是中国长城的地标,万里长城万里长,山海关和嘉峪关东西相隔万里遥相呼应,闻名天下。

嘉峪关和山海关地理位置相似,山海关倚山襟海,嘉峪关傍山临河。山海关雄踞在山与海之间,封锁了辽东走廊南北最狭窄的8千米通道。嘉峪关城南为讨赖河,北为黑山,扼守着南北宽15千米的峡谷。林则徐还有诗句"严关百尺界天西,万里征人驻马蹄",描述的就是嘉峪关的规模和气势。

嘉峪关长城见证了一位守护关城的英烈,他就是游击将军芮宁。芮宁是肃州卫(治今酒泉)本地人。正德元年至二年(1506～1507),芮宁以肃州卫领操把总的身份参与了嘉峪关内城东、西两座城楼的修筑,后被擢升为游击将军。正德十一年(1516)九月,吐鲁番酋长满速儿率军绕过嘉峪关,入侵肃州。游击将军芮宁、参将蒋存礼,奉兵备副使陈九畴之命分别率兵出肃州城南门、北门迎战来敌,陈九畴则在城里组织防御。芮宁所部在敌

《嘉峪关漫记》拓片(作者供图)

众我寡的情况之下顽强作战，虽兵力悬殊却一直坚持抗敌。

战斗自清晨开始，一直打到傍晚。军队厮杀了一整天，在刀枪声响中滴水未进。芮宁所部七百多人，无一人逃跑，无一人投降，全部战死疆场，芮宁本人也中箭身亡。芮宁在城外的一天激战，为陈九畴在肃州城内组织御敌赢得了时间。

后来，正德皇帝追赐芮宁为"都指挥同知"，子孙世袭"指挥使"。正德十四年（1519），芮宁殉职三年后，朝廷在肃州城兵备道衙门西侧建"襄愍祠"，以此纪念这位守护嘉峪关城的游击将军。

提到嘉峪关，不得不提巡检司。明朝初建时，朱元璋曾敕谕天下巡检："朕设巡检于关津，扼要道，察奸伪，期在士民乐业，商旅无艰。"巡检为巡检司的主官，一般为正九品，主管治安巡逻、防盗抓贼。明朝嘉峪关就已经有了被后人称为"闻鸡度关"的制度，这个说法来自明人戴弁的诗句"月明虏使闻鸡度，雪霁番王贡马来"。巡检司制度一直延续到清朝。

嘉峪关城门的门洞基础和通道墙体是用石条砌筑的，上半部的拱券式为砖砌。门洞深25米，高6米，宽4米，关门是黑漆铁皮包

嘉峪关夕阳（董旭明 摄）

的双扇门。进出嘉峪关城有两条通道。一条路是由关门进入后，经东西瓮城，出东闸门。这条路专供军政人员和使节团队通行，按习惯被称为"官路"。另一条是由关门进入后，走内城南侧城墙与外城墙之间的夹道，出东闸门。这是条供商旅百姓及车辆通过的路，按习惯被称为"民路"。

清乾隆四十九年（1784）冬天的一天，嘉峪关城门对进长城人员的盘查突然比以往严格了很多，既认真又仔细。为什么突然严格起来了？原来兰州城抓到一个逃犯，供认是由嘉峪关混进长城的，这件事还惊动了乾隆皇帝。根据规定，肃州知州、嘉峪关巡检、署游击"俱著交部严加议处"。

对明清时期的兰州而言，嘉峪关是从西而来的第一道门户，巡检制度的设立，也是为了保护边防的安全，是长城防御网络中重要的一环。

第四节　专栏：河西走廊文化的韵致

长城沿线各地的文化和风俗都各有特色，河西走廊的文化有着一种独特的韵致。民族学和文化学中有"文化区"的概念，河西走廊地区可以定位为汉文化区、蒙古文化区与藏文化区的交汇共存地带。

河西走廊是古代文明的发源地和成长地，也是多民族聚居生衍、聚散无常的民族杂居地，千百年来无数古代民族曾在河西走廊留下过自己的足迹。作为一个多民族融合的走廊地区，历史上，戎、羌、乌孙、月氏、吐蕃、吐谷浑、党项等古代民族，都曾在此地占据重要地位。民族实体是民族文化的载体，随着众多古代民族在此繁衍生息，河西走廊古代民族文化的多样性也随之凸显。

在多样性民族实体介入的同时，多样性的民族文化也随之进入河西走廊。因此，河西走廊的多元民族文化互动一直持续发生着，形成了汉、藏及蒙古文化区。不同民族文化之间的碰撞与交流构筑了以多元统一为特色的河西文化，成为我国地域文化中一幅壮丽的画卷。

河西走廊的汉文化区是主要的文化区。汉文化区以黄土高原作为其地理依托，以农耕文明和儒家文化为其文化形态。汉文化区的中心区位于黄河流域的中下游，在长期的历史演变过程中，该文化区不断向四周发展，最终形成了以黄河流域、黄土高原汉文化为主体的文化形态。

河西走廊向南是著名的藏文化区。该文化区大致以青藏高原地带为其诞生的空间基础，在与特殊地理环境的适应、互动的过程中，形成了以高原牧业为主的文化形态。随着吐蕃政权的向外扩展，藏文化区也随之向外扩张，其表现不仅是藏文化区地理概念的扩大，更为显著的是其周边的诸多区域文化也被涵盖进藏文化自身发展的历史。

蒙古文化区位于河西走廊北面。内蒙古高原构筑了其文化发展的自然基础，草原游牧文化是该文化区内一致的文化形态。蒙古文化本来是以内蒙古高原腹地鄂尔多斯高原为文化中心，随着蒙古各部落势力入主河西走廊，其文化也随之进入河西走廊并且扎下了根，不断地发展壮大起来。

河西走廊处于三大文化区的交汇地带，历史上汉、藏及蒙古文化区在这里高度融合。因此，这三大文化区的文化相互影响是必然的。

以祭月为例。河西走廊多民族中秋的祭月文化，是河西走廊多元民族文化互动融合的产物。本地区汉族、藏族、土族、裕固族，共同创造的河西中秋文化，包括多民族共同开展的祭月仪式。

中秋节必备品月饼的制作，其他地方关注较多的是月饼的口味，河西走廊则更讲究月饼的象征意义。祭月仪式的大月饼又大又圆，一般直径可达半米多。大月饼不是烤制而是用大蒸笼蒸熟的，看起来更类似于一张大号的千层饼。

在祭月用的大月饼表皮上，汉族要画上月亮图案和不同颜色的小花。天祝藏族则只是画上淡淡的月亮图案，再不会画其他内容。他们认为不论是给神吃的还是人吃的，都要保持干净，不能画得花花绿绿。肃南的藏族和裕固族，则要在月饼上画上各种简单的花卉和动物图案。

军事征伐一定程度上也促进了文化的传播。多维度的文化传播既有武力征服血腥的一面，同时也有正常文化交流的一面。本是汉族习俗的祭月传统在河西走廊的不同表现形式正是文化融合的表现。和平的交流方式也促进了汉、藏、蒙古文化区在河西进一步的文化交流。

第八章

大戈壁上的长城

走进大戈壁上的长城，首先要明白什么是戈壁滩。可以说有沙漠的地方都有戈壁滩，戈壁滩是一种由粗沙、砾石覆盖的硬土层形成的荒漠地形。戈壁主要分布在大陆内部和低纬度地区大陆的西岸。"戈壁"一词在维吾尔语里的意思就是"沙漠"。我国戈壁滩主要分布在新疆、青海、甘肃、内蒙古等地，西藏的东北部也有些戈壁地貌。

戈壁晴天很多，几乎每天都是艳阳高照。气候条件极度炎热干燥，昼夜的温差较大。戈壁遍地的砾石主要是冲积平原面上的山石堆积，加上岩石长期在暴冷暴热的风吹日晒中，因热胀冷缩而由大块崩解成小块。细沙被风吹走后，地表只剩下砾石和粗沙就形成了戈壁。

戈壁的环境很恶劣，降水量很少，年平均降水量通常在200毫米左右，不足100毫米的地方也有很多，最严重的甚至一年都不下一点雨。同时，戈壁蒸发量高得吓人，蒸发量最高的地方年平均达2 500～3 400毫米。有一点水，只要太阳一出来瞬间就蒸发没了。

戈壁的土壤条件无法满足一般植物生长的基本需求，所以这里的植被非常稀少。能在戈壁生长的植物，都是很了不起的植物。这些植物有着极其发达的根系，能从土壤的极深处吸收到满足成长的水分。戈壁上植物不多，动物的种类却不少。有野骆驼、野驴、羚羊等大型哺乳动物，也有旱獭、囊鼠等啮齿类动物。这些动物在环境恶劣的戈壁上生存，意志也一定会被磨炼得很坚强。

在新疆考察长城烽燧和古城，需要不断地穿行塔克拉玛干沙漠。这个沙漠是世界第二大的流动性沙漠，这片沙漠形成的原因与地理气象学的两个概念有关：雨影效应和焚风效应。

所谓的雨影效应，是由于湿润的气流遇到印度洋板块向北冲击亚欧板块而形成的一系列山脉和高原阻拦，所含的水汽变成降水，留在山体的迎风面，所以这些气流翻过了山，就会变得很干燥。

焚风效应是由地形动力强迫引起的过山气流下沉造成的干热风，干燥的气流在下沉的过程中会不断升温，每下降1 000米大约要升温6摄氏度。山脉的高度差越大，焚风效应就越显著。塔里木盆地和帕米尔高原的高差是4 000米，这形成了使气流剧烈下沉的空间。

由于塔里木盆地非常封闭，不论是夏天下沉的干热气流，还是冬天东北方向过来的干冷气流，受到高原的阻碍都出不去，就会沉积在这里加剧干燥。加上强烈的阳光照射，夏天就把整个地区变成了一个烤箱。

在干热和干冷气流的交替冲击下，蒸发走了岩石里的水分。使地表岩石的结构遭受到破坏，结果大石头分裂成小石块。日久天长，山地就变成一片碎石滩，继续风化的碎石头就变成了沙子。后来周围的山脉不断抬升，盆地中央的丘陵山地就变成了最早的一片沙漠。

　　戈壁的生态条件虽然不好，有些地区的地下水却还算丰富。水的数量和质量，也都可以满足当地人们的生活和生产基本需求。在一些水源充足的地方，还能形成大小不一的绿洲。不论是古代军队的屯田，还是现在人们的生活，基本都集中在这些绿洲。长城修建在各种地貌之上，每种地貌都成为长城建筑的承载。非常有意思的是，长城不管修建在什么样的地貌上，都和地貌非常和谐。

第一节　新疆长城资源的根脉

　　说黄土高原、内蒙古高原有长城大家都知道，但是说新疆的塔里木盆地和准噶尔盆地都是长城防御的重要区域，则很多人都不知道。新疆总体的地形是阿尔泰山、天山和昆仑山从南到北把新疆分割成两个盆地，这就是塔里木盆地和准噶尔盆地。新疆长城资源分布在塔克拉玛干沙漠的东部和西部的绿洲。

　　到了新疆才能真的感受到戈壁的广袤无垠，才知道什么叫天高地阔。新疆是中国最大的省级行政辖区，约有166万平方千米。相当于全国陆地面积的约六分之一，这是什么概念？有长城的15个省（自治区、直辖市）的404个县域，除去新疆的40多个县区和新疆生产建设兵团的辖地，其余的360个县加一起还没有新疆大。

　　新疆长城的防御功能主要是通过高大的城墙及城堡等构成的防

御体系来实现。不同于人们一般印象中蜿蜒的长城，在新疆，基本没有连绵的墙体，主要由线性联系的烽燧亭障组成连续的防御体系。

新疆境内长城资源是我国长城体系的一部分，主要以我国古代中央政权设置的军政管理机构为中心分布，是古代中央政权对西域实行有效管辖的重要见证，是历代中央政府维持西域各地军政管理的见证。新疆的长城见证了政治变迁、民族交往、屯垦戍边、商贸往来、社会生活等各方面的历史。

新疆吐鲁番地区是长城重要的设防地区，古代被称为高昌。从西汉李广利部在此屯田设立高昌壁，到后来的高昌郡，再到高昌国，长期以来，这里基本是被汉人建立的地方政权所控制。

吐鲁番地区出土的文献以汉文和回鹘文文献居多。此外也有突厥文、吐蕃文、梵文、粟特文、古焉耆文（以前称甲种吐火罗文）、古龟兹文（以前称乙种吐火罗文）、八思巴文及察合台文等文种。目前，吐鲁番出土的文书，最早一件的纪年是公元273年，最晚一件为公元778年，大致为西晋至唐代。

吐鲁番地区出土的汉文文书主要出自汉人的墓葬区，其中少量是作为正式文书随葬的，而多数则是墓主人的纸制随葬品，如纸帽、纸腰带、纸鞋、纸靴、纸褥子，还有的文书残片是剪成的鞋样。仅1959年至1975年间，在晋代至唐代的400多座墓葬里发现了大量文书，其中汉文的文书就多达2 700余件。

文献内容包括官府文书，如牒辞、诏敕、籍帐（账）、告身、过所公验等；私人文书如各类契卷、疏文、信牍、辞状；宗教文献，佛教、道教、摩尼教、景教、祆教等；还有以儒家经典、诗文、史书为主的文献。

比较有意思的是，1969年在阿斯塔那第263号墓出土的一件唐景龙四年（710）的《论语·郑氏注》文书。书写者的名字叫卜天寿，是一位12岁的学童，他手抄了《论语》，还在抄稿上写了一首自己创作的打油诗："写书今日了，先生莫咸池（嫌迟），明朝是贾（假）日，早放学生归。"可知当时在新疆是有私塾的，这里的孩子和中原的孩子们一样，学习的是汉字和儒家经典。

吐鲁番地区的长城烽燧分布于新疆天山东部的盆地，主要任务是防御天山南北的塔里木盆地、准噶尔盆地的游牧民族东进，并且控制昆仑山、阿尔泰山两大山系的通道。新疆长城的军事防御作用主要不是阻挡，更多的还是预警和保障。

张骞通西域之前河西走廊也可以通西域，但处于没有管理和保障的状态。很多文献记载都表明，汉朝建立管理机构并且构建起兼有驿站功能的线性烽燧体系，可以保障丝绸之路的畅通。基于这样的管理，既可以捉拿盗匪，又能给往来商旅和使节提供安全保障。唐代的边塞诗人岑参《武威送刘单判官赴安西行营便呈高开府》中有这样的诗句：

浑驱大宛马，系取楼兰王。曾到交河城，风土断人肠。
寒驿远如点，边烽互相望。赤亭多飘风，鼓怒不可当。

这首诗中的"城""驿""烽""亭",说的都是汉代至唐代在今天新疆修建的长城防御体系。库车市的克孜尔尕哈烽火台是新疆长城的标志和代表,这座修建在河边的烽火台初建于汉代,后来为唐代所沿用。新疆境内的许多烽燧都是依水而建,也都是汉代始建、唐代继续使用,还有一些烽燧到了清代也一直使用。在广袤的新疆大戈壁,千百年来烽燧都是给人们指路的标志。

根据国家文物局认定,新疆的长城文化遗产共计212处。按时代分为汉代(汉—晋)和唐代两个时期。新疆境内的长城资源按行政区划分布于10个地州(市)、40个县(市、区),涉及新疆生产建设兵团5个师(市)、9个团场,东西绵延2 000余千米。主要分布区域以古丝绸之路交通线为干道,另有以政治中心或重要城镇为中心向外延伸,修筑在险要的山口和沙漠边缘等地区。在新疆,汉代和唐代在天山南麓和天山北麓都有长城烽燧,基本包括了全部的环塔里木盆地。

第二节 守护丝绸之路的新疆唐代烽燧

唐朝初年,西域处于混乱状态。在各类矛盾的冲击下,西域与中原的联系已陷入困境。唐朝打败东突厥后,设置单于、安北两大都护府,控制了包括东突厥故地在内的北方广大地区。此后,唐朝的边疆经略主要是致力于打通丝绸之路,恢复对西域的统治。

唐朝沿用了汉武帝时期在新疆大地建立的烽燧,到了清朝平定准噶尔叛乱之后在新疆设立了伊犁将军府，又继续使用了这些烽燧并先后增修了更加密集的烽燧线。

2004—2016年，我曾两次到新疆维吾尔自治区考察汉唐烽燧。每天都要跑很远的路，越野车里带着烤羊腿或烤羊排，当然还有馕。白居易曾写过《寄胡麻饼与杨万州》："胡麻饼样学京都，面脆油香新出炉。寄与饥馋杨大使，尝看得似辅兴无。"这种胡饼，据说就是新疆的馕。好吃，好带，还可以存放较长的时间。越野车时而在沙漠中行进，时而穿越戈壁滩，土地荒芜、很少有绿色。有时为了找一座烽燧，要跑一整天的路。汉代的烽燧保存得更差一些，有些唐代的烽燧还挺坚固。

从历史背景的角度深入研究唐朝经营西域，其最先要做的是重建内地与西域的联系。而做到这一点，就要恢复唐朝同西域诸部传统的藩属关系。630年，唐朝招抚伊吾（哈密），疏勒、于阗等国相继归附，为唐朝向西域发展创造了条件。

征服吐谷浑与西突厥势力是唐朝经略西域的关键。吐谷浑占据着通往西域的必经之地——今青海、新疆南部，西突厥则几乎一度控制着整个西域。唐贞观九年（635），唐太宗李世民委任李靖为西海道行军大总管，率军出兵吐谷浑。吐谷浑王伏允兵败自杀后，其子慕容顺归降，唐朝控制了吐谷浑故地。征服吐谷浑后，唐朝打通了通向西域的通道——河西走廊，展开了对高昌、焉耆、龟兹等西域诸国的经略。陆续征服了高昌、焉耆和龟兹政权后，在西域引发了巨大震动。该区域各部族的首领断绝了同西突厥的往来，转而归附唐朝。

贞观十四年（640）设安西都护府，贞观二十二年（648）太宗西征龟兹后，置龟兹、焉耆、疏勒、于阗四镇，设都督，史称"安西四镇"，都隶属于安西都护府。出于强化对西域的管控需要，唐把安西都护府移治龟兹（今新疆库车），管理着龟兹、于阗、碎叶和疏勒四镇。

唐朝对西域的治理削弱了西突厥的势力，重新打通了通往中亚的道路。控制了天山南路后，唐朝集中兵力进攻北疆的西突厥。经过与西突厥多年力战，至高宗时唐军大败突厥军。此后，西突厥势力日益削弱，终为唐高宗所灭。

唐朝统一西域后，在汉代设置的列燧制度基础上，于西域修建新的烽燧、守捉、馆驿等，以保障丝绸之路南、中、北三条主干线以及天山南北的多条支线畅通。唐朝的丝绸之路，实现了前所未有的繁盛景象。

唐中路烽燧等军事设置

克孜尔尕哈烽燧为汉代初建，唐代再建，位于唐丝绸之路中道，在今新疆维吾尔自治区库车市依西哈拉镇境内。克孜尔尕哈烽燧是新疆境内保存最好的长城遗迹。"克孜尔尕哈"是古突厥语"红色的哨卡"的意思，也有人解释为维吾尔语的"姑娘居所"。

克孜尔尕哈烽燧平面呈长方形，整体由地面往上逐渐收分成梯形。基底东西长约6米，南北宽约4米，高约13米。整座烽火台为

新疆库车克孜尔尕哈汉唐烽燧（董旭明 摄）

黄土夯筑结构，上部夯层中夹有木骨层，顶部为土坯垒砌，曾建有望楼。现望楼早已毁坏，仅残存些许木栅遗留物。这座烽火台自然侵蚀风化很严重，南侧中上部已经呈凹槽状。

唐丝绸之路的中道即汉丝绸之路的北道。汉代的丝绸之路中道，因罗布泊、楼兰地区的自然环境的恶化，交通路线到唐代已经废弃。唐朝丝绸之路转向有人烟、水草的伊吾、吐鲁番盆地，西去龟兹、疏勒。中道是唐击败东、西突厥和麹氏高昌，基本控制了南、北疆后开通的经过伊州（治今新疆哈密）、西州（治今新疆吐鲁番东南），连通南北疆各地的交通路线。

根据文物部门对吐鲁番境内烽火台的调查得知，其分布线路基本与敦煌藏经洞文书《西州图经》记载的交通路线重合。道路沿途还设有密集的馆驿、烽铺，负责相关管理和接待。

国家文物局《关于新疆维吾尔自治区长城资源认定的批复》认定：唐代烽燧中线东起新疆哈密市，经吐鲁番市鄯善县、托克逊县、乌鲁木齐市达坂城区、乌鲁木齐县，巴音郭楞蒙古自治州和静县、焉耆回族自治县、轮台县，库车市，阿克苏地区沙雅县、拜城县、新和县、温宿县、阿瓦提县、乌什县、柯坪县，图木舒克市，阿图什市喀什地区巴楚县、伽师县，西迄喀什地区疏附县。

唐南路烽燧等军事设置

唐丝绸之路南道在汉代丝路南道的基础上继续使用，大方向为从南疆去今印度和巴基斯坦等南亚国家。

唐在南道沿途有镇、城、堡、守捉等军事设施来管辖其辖境内的事宜。在唐代中后期，青藏高原的吐蕃势力开始强盛，吐蕃与唐在西域发生的冲突也就不断地升级。双方争夺对西域丝绸之路的控制权，靠近吐蕃的丝绸之路南道首当其冲被吐蕃占领，唐朝在这里的势力范围逐渐不存。现在南道遗留下的米兰戍堡、麻札塔格戍

新疆巴音郭楞蒙古自治州尉犁孔雀河托西克汉唐烽燧（董旭明 摄）

堡、烽火台等唐代军事设施，都曾事实上被吐蕃占领使用过。

　　国家文物局《关于新疆维吾尔自治区长城资源认定的批复》认定：唐代烽燧南线东起新疆巴音郭楞蒙古自治州若羌县，经和田地区墨玉县、和田县、皮山县，喀什地区叶城县、莎车县、英吉沙县，西迄喀什地区塔什库尔干县。

唐北路烽燧等军事设置

　　北道，位于天山北麓山前地带，故名。北道的大方向为从今中国北疆经乌兹别克斯坦、哈萨克斯坦西南部到巴格达。这条北道，在隋代就已经叫北道了。据《隋书·裴矩传》记载："北道从伊吾，经蒲类海铁勒部，突厥可汗庭，渡北流河水，至拂菻国，达于西海。"

《新唐书·地理志四》记载了这条路及守捉的设置。守捉是唐朝边地的驻军机构，只分布在陇右道和西域。每一守捉，驻兵300多人或更多一些，将领为守捉使。守捉根据人数设相应的屯田范围，由驻军兵卒耕种，这些军屯是为了避免战争而设置的，以军事力量不断震慑试图扰乱丝绸之路秩序的势力。

在新疆考察汉唐长城烽燧，差不多就是绕着塔克拉玛干沙漠走了一大圈。国家文物局《关于新疆维吾尔自治区长城资源认定的批复》认定：唐代烽燧北线东起新疆哈密市伊吾县，经巴里坤哈萨克自治县，昌吉回族自治州奇台县、吉木萨尔县、阜康市、呼图壁县、玛纳斯县。

第三节　青藏高原屏障和大通明长城

很多人可能不知道，地处青藏高原的青海也有长城。青藏高原就像天然的城墙，有效地阻隔了其他力量的侵入。公元前4世纪，亚历山大带领的马其顿军队可谓是战无不胜。这支大军从希腊半岛横扫中东小亚细亚，灭了波斯还征服了埃及。继续东进到印度并差

青海西宁大通段明长城（董旭明 摄）

点灭掉印度。但亚历山大的马其顿军队的东征，被世界屋脊青藏高原阻断了。他们对中国根本就不了解，可以说完全不知道青藏高原的另一边是什么样的，更不知道这个时候强盛的中华文明已经诞生。

青藏高原上只有不隶属明九边的西宁卫边墙，现在也称为青海省长城。西宁卫边墙，虽不隶属于明九边管辖，但同样修建在农牧分界线，其防御对象是蒙古势力，主要是西海蒙古部族。西宁边墙始建于明代中叶，从明世宗嘉靖二十五年（1546）始建，到明神宗万历二十四年（1596），历时五十年。该边墙主要分布在西宁卫的西部，呈半月形环绕。建筑形式由边墙、边壕、水关、水栅和斩削土、石山崖组成。

明初分封了西宁16家土司，令其安土司民。洪武至武宗正德二年（1507）的近一百四十年间，这一带一直相对比较安定，故于正德二年罢西宁兵备官。裁军简政本是好事，明廷没想到，此举引发了这个地区的动荡。正德五年（1510）和正德七年（1512），河套蒙古部族两次西入青海湖，并诱发一些藏族部落的反明行动。为了加强西宁卫的防御，明正德五年（1510）恢复了西宁兵备官。嘉靖三十二年（1553）为加强防御，又升格设西宁参将。万历三十五年（1607），将西宁参将升格为西宁副总兵。

西宁卫长城的修建分为三个阶段：第一个阶段是嘉靖二十五年（1546）所修建四段边墙；第二个阶段是从隆庆六年（1572）到万历二年（1574），西宁卫续修北川、南川、西川，近四万七千丈的边墙；第三个阶段是万历二十三年"海寇"（今青海省境内的蒙古人）大犯西宁南川、西川。明朝于明神宗万历二十三年（1595）为平定西海蒙古侵扰发动了三次战事。万历二十四年（1596），明朝取得西宁南川、西川大捷后，西宁兵备使刘敏宽等修西石峡口到娘娘山南麓的边墙，使西宁北部与西南部边墙连成一线。至此，防御西海蒙古游牧势力的西宁卫边墙防御最终完成。

国家文物局《关于青海省长城认定的批复》认定，明西宁卫边

青海西宁大通段明长城（董旭明 摄）

墙主线东起海东市乐都区，西经互助土族自治县，西宁市大通回族土族自治县，向南经湟中区、城中区、湟源县，向东经海东市平安区，止于民和回族土族自治县。

还有数条各自独立的长城墙体或壕堑，分布在西宁市城北区、海东市民和回族土族自治县、化隆回族自治县、乐都区、互助土族自治县，海南藏族自治州贵德县，海北藏族自治州门源回族自治县，西宁市湟中县、大通回族土族自治县。

青海西宁大通段明长城（董旭明 摄）

第四节　防御准噶尔建的青海清长城

清朝在青海修建边墙，源于蒙古准噶尔部贵族首领噶尔丹发动的叛乱。这场持续了七十年的战乱对清朝西北部地区构成了严重威胁。朝廷围绕这些议题的争论和分歧也一直存在，一些人希望找到战争之外，可以解决西北安全问题的替代选项和方案。

17世纪后期，噶尔丹掌握准噶尔部的统治权，进一步拓展本部的势力，控制了厄鲁特蒙古的另外三部。康熙十七年（1678），乘天山南路伊斯兰教"黑山派"同"白山派"发生教派争端，准噶尔部夺取了叶尔羌政权。噶尔丹势力占据天山南北之后，继续图谋割据西北以统治蒙古各部。

针对这样的形势，清朝力图和平解决纷争，派遣使者至准噶尔部抚慰却并未能成功说服对方。康熙二十九年（1690），噶尔丹侵入了漠南蒙古，其势力达到了漠南蒙古的乌兰布统。由此长驱北京，也就四五百里的路程。康熙三十五年（1696），康熙皇帝决定再次率清军亲征噶尔丹。这次征伐取得了决定性的胜利。次年，康熙再次于宁夏一带消灭了噶尔丹残余力量。噶尔丹虽被剿灭，但平定准噶尔的战争并未结束。

噶尔丹之后的策妄阿拉布坦父子、达瓦齐和阿睦尔撒纳，继续坚持割据，并向今西藏和青海等地发起攻击，使清朝西部边疆区域的稳定发生动摇。此后，康雍时期也多次发起"平定准噶尔"战争。

居于青海的蒙古贵族罗卜藏丹津等势力，于雍正元年（1723），发动了叛乱。雍正二年（1724）三月，以年羹尧为抚远大将军，岳钟琪为奋威将军，发兵征伐。年羹尧在战事平息以后上奏朝廷，要求修筑边墙，以隔离青海蒙古各部同准噶尔蒙古部的沟通。

清代修建的长城基本也是在明代长城基础上的增修。

第五节　西域大开发

西域作为一个地理概念，有广义和狭义两个范围。广义的西域范围，从玉门关和敦煌往西走，直到东欧和黑海都可以包括进来。狭义的范围大体是南到昆仑山，北到巴尔喀什湖，西到阿姆河，东到甘肃的敦煌地区，包括我国的新疆和中亚的东部。狭义的西域，其主体部分基本都在今天中国的版图之内，主要是在新疆维吾尔自治区。

王之涣有一首《凉州词》："黄河远上白云间，一片孤城万仞山。羌笛何须怨杨柳，春风不度玉门关。"出了玉门关就进入西域了，汉朝记录的西域国家或者部落有51个。建立西域都护府之后，其中有36个臣服于汉朝。一些新开发的地方，发展成为汉朝的军事屯田区。这段时间西域的形势发生了重大变化，使西域诸国越来越清楚地认识到，与汉朝建立深入联系最符合自己的利益。

西汉开发河西和西域能取得显著成就，这与汉朝贯彻执行文帝时期晁错提出的移民实边政策分不开。晁错从总结历史教训出发，从军事上分析了秦朝轮番戍边的弊病，提出移民实边的政策："秦之戍卒不能其水土，戍者死于边，输者偾于道，秦民见行，如往弃市。"他认为汉朝边境上哪个地方兵少时，匈奴马上就来侵扰，"陛下不救，则边民绝望而有降敌之心；救之，少发则不足，多发，远县才至，则胡又已去。聚而不罢，为费甚大"。

为达到移民实边的目的，晁错提出了在政治上、经济上和生活上给移民以优惠的待遇。第一，给移民都赐以高爵，并免除全家的劳役。第二，为了使移民能长期定居下来，必须安排好生活、生产的物质条件：先要在移民地区修通道路，规划耕地，建筑房屋，设置生产和生活用具。

发展农耕需要兴修水利，汉武帝控制西域后在新疆开凿了龙首渠，有力地促进了当地的农业发展。代田法在河西推行，并建立了储积剩余粮食的代田仓，同时使用新农具和牛耕促进了河西和西域的农业开发。

汉武帝元狩四年（前119）一次移民就达70多万人，所移之民很多都是关东的贫民。他们移徙到河西，充分保证了河西的农业生产劳动力；无地和少地的农民得到了土地，人们感到内地的矛盾得到了缓和。这些移民措施使严峻的形势受到了有效控制并稳定了社会。可以说，移民行动基本实现了汉朝的既定目标。

西汉时期，由于采取移民屯田措施，河西走廊成为当时经济繁荣的地区。此后，移民屯田制度在我国历代都在实施，在边疆很多的地方都有设置屯戍机构。时至今日，屯垦戍边仍是我国经济建设和巩固国防的一支重要力量。研究和探讨西汉时期河西的开发，对今天开发和建设边疆地区也有借鉴之处。

从武帝元狩二年（前121）开始，经过四五十年的移民屯田和建立郡县，河西地区得到了开发，西北边疆经济和社会都得到发展。当时的西域仍控制在匈奴手中，河西走廊的长治久安还不大可能实现。张骞第一次出使西域虽未成功，却派副使到大宛、康居、月氏、大夏等国，得知这些国家基本都想和汉往来。西汉为了确保河西的安全和打通与西域的通道，又发兵西征。

汉武帝虽然在战场上取得了很大的胜利，但是在经济上却承受了极大的损失。远征匈奴取得决定性胜利之后，西汉相继于浑邪王、休屠王故地设郡。汉武帝深知，如果战争持续下去，汉朝遭遇的困境将越来越严重。停止战争并与西域诸国之间的使节往来，开展贸易活动是稳定西域的途径。

汉与西域各国的使节往来，是依恃河西长城得到行旅安全保障的。以长城烽燧亭障为主体的军事系统逐步向西延伸，除保障这条东西道路的畅通之外，又增加了为来往使团提供后勤供应的功能。《后汉书·西域传》记载："驰命走驿，不绝于时月，商胡贩客，日款于塞下。其后甘英乃抵条支而历安息，临西海以望大秦，拒玉门、阳关者四万余里，靡不周尽焉。"可以说没有长城，也就没有商旅相继、一片繁荣的西域诸国贸易景象。

汉朝控制西域以后，在和平的氛围下，汉使、商人可直接到达西域，西域各国的使节跟随汉使具来内地，从此建立了中原与西域的交通联系。这个时期，中原的生产经验和生产技术传入河西及西域。古代中原农业生产发达，水利灌溉事业比较先进，由于汉代在河西、西域的开发，中原水利灌溉技术，也随之传入现今的河西、新疆和中亚地区。

张骞通西域家喻户晓，班超通西域也可谓用尽了洪荒之力。东汉明帝初年，北匈奴一再胁迫西域（今新疆一带）各国出兵，寇掠河西走廊的一些地方。永平十六年（73），明帝派遣窦固、耿忠率军出酒泉塞，入伊吾庐（今新疆哈密）驻兵并发展屯田。

为了同西域诸国取得联系，班超率吏士36人出使西域。他的努力得到鄯善、于阗、疏勒等国的支持，纷纷与东汉建立了联系。东汉达到了控制西域南道的战略意图。而就在这个时候，匈奴攻打西域并杀死了西域都护，控制了西域北道上的诸国。东汉明帝去世，朝廷下诏命班超回朝，决定撤回在西域的屯兵。

已经归附东汉的诸国，担心班超一走会遭到匈奴报复。班超也顾虑自己的离开会使已经打开的大好局面被葬送。他决心留在西域，和西域诸国一起反击匈奴，班超首先率疏勒兵击败了匈奴控制的姑墨（今阿克苏）和莎车。接着又率领各国的军队，打败了大月氏贵霜王国的入侵。和帝永元三年（91），龟兹归降后，汉廷以班超为西域都护驻龟兹境。永元六年（94），班超又控制了焉耆，使得西域50余国摆脱了匈奴的控制，接受东汉的统治。永元十四年（102），已经71岁的班超奉召还朝，不久便病逝在洛阳。

班超出使西域仅带了一支36人的团队，主要是靠着其非凡的胆略和卓越的才能，重新建立起汉朝在西域的主导地位，最终团结了西域50多个国家，保持了西域长达三十多年的安定。为窦宪"勒石燕然"，彻底解除北匈奴的威胁奠定了基础。

第六节　专栏：绝无仅有的丝绸之路

这几年有一个热词"一带一路"，分别为"丝绸之路经济带"

和"21世纪海上丝绸之路"的简称。借用古代丝绸之路的历史符号，打造"一带一路"沿线国家的经济合作伙伴关系，构建政治互信、经济融合、文化包容的利益共同体，同时也是命运共同体和责任共同体。

古代丝绸之路本来也是这样的利益共同体。西汉时张骞出使西域，开通了联结地中海各国的陆上丝绸之路。以长安（今西安）、洛阳为起点，经甘肃、新疆到中亚、西亚，这是一条波澜壮阔之路。

1877年，"丝绸之路"由德国学者李希霍芬提出。丝绸之路和长城一样，都是典型的线性文化遗产。在带状的文化遗产区域内，积淀着深厚的历史文化。

汉朝丝绸贸易的盛况，可以从两个方面反映出来：一方面是往来使者把丝绸等货物往西运，并将中国文化传播出去。另一方面是商业性质的交易，也给中国带来了西方的货物和文化。张骞第二次出使西域时，《汉书·张骞传》记载："赍金币帛直数千巨万……道可便遣之旁国。"

汉代丝绸贸易的盛况，不但见之于文献，而且为考古出土的实物所证明。据《新疆维吾尔自治区文物考古工作概况》记载，在新疆昭苏等地发掘的乌孙墓群中，亦有丝织遗物；在吐鲁番、楼兰等地都有汉朝丝织物发现。

借助丝绸之路这条欧亚通道，中西各国除经常互派使节友好访问、赠送礼物外，还彼此输送自己的物产和技术。如西方各国传入中国的植物就有棉花、葡萄、苜蓿、石榴、胡桃、无花果、胡麻

（芝麻）、胡瓜（黄瓜）、菠菜、胡椒、胡葱、西瓜等；还有玻璃、海西布（呢绒）等特产。从中国传入西方各国的东西除大量的丝织品外，有铁器、手工艺品，还有养蚕、缫丝、冶铁、灌溉、造纸等技术。

印度的佛教通过大月氏，经由丝绸之路传到了中国各地。汉代打通西域可以说是以当时的视野，在全球范围内进行的战略布局。两汉时期丝绸之路的走向，包括北道、南道、中道三条路线：

北道：由长安出发沿渭河到宝鸡，翻越六盘山，沿着祖厉河，在靖远西渡黄河到武威。北道的路程比较短，沿途的供给条件差，是早期走的一条路线。

南道：从长安出发，沿渭河过陇关、天水、临洮、今河州，由永靖渡黄河，再经过青海的西宁向西，越过祁连山的扁都口，到达河西走廊的张掖。

中道：中道和南道在天水分道，过陇山到达兰州，然后西渡黄河，沿着庄浪河翻越乌鞘岭到达武威。南道虽绕道较远却补给条件好，因此中线较长时间都是干线。

北、南、中三道会合后，由张掖经酒泉、瓜州到达敦煌，然后从敦煌西进至葱岭（今帕米尔）地区，向西延伸到中亚。

西域常会出现军事冲突甚至战争，如果丝绸之路一直处在战火的燃烧之中，发展有规模的贸易往来就谈不上了。以丝绸为代表的贸易交流，肯定要早于丝路上长城的修建。不过在长城的屏障下，丝绸之路才有了更大规模的发展。汉长城的修筑，不仅抵御匈奴等的掠夺，设置的城障还为过往的使者及商旅提供住宿和粮食、饮水等生活物资的给养。这里说的"城障"是在长城沿线为官兵驻守所筑的小城。《汉书·匈奴传》中"出五原塞数百里，远者千里，筑城障、列亭至庐朐"，指的就是这种戍边的小城。

不管王朝控制的这条西域商路是否畅通，这条路上的商贸却始终以各种不同的形式存在着。这是东西方经济与文化发展的需要，而不仅仅是官方的意志。丝绸之路的畅通，见证了中华民族在西域地区的融合过程。纵观古代历史，中华民族大家庭的成员，彼此之间也曾有过战争，但总体来说最后都加入了这个大家庭。

第九章

长城与长城精神

中国是一个统一的多民族国家，中华民族呈现出多元一体的格局。长城代表着长城内外共存共生、融合发展的关系。我常用中国的中字来解读长城，如果中间的一竖代表长城，长城的两边就代表了相互依存、紧密联系、不可分割的统一体。多元利益平衡基础上的一体利益最大化是中华民族的智慧。

历史地看，农耕文明和游牧文明在长城区域相互碰撞、融合，这是构建中华民族共同体的过程。长城两边也早已成为多民族共同的家园，各民族在这里血肉相连，唇齿相依。长城见证着中华民族的发展变迁，支撑着中华民族的代代相传。

第一节　长城简史

长城从产生到成熟的过程是一段悠久的历史。长城的修筑延续了两千多年，长城修筑开始于公元前7世纪左右，到公元前4世纪左右发展到较为普遍的程度。这一时期正当中国历史上的春秋战国。由于诸侯兼并，出现了楚、秦、燕、齐、韩、赵、魏等较为强大的诸侯国。这些诸侯国经常有利益冲突，为了互相防御，他们在自己的领土上修筑起一道或数道高大的城墙。这些城墙不是拱卫城市、周围封闭的状态，而是呈线性，往往长达数百千米或上千千米。公元前4世纪左右，在兼并和反兼并的过程中，诸侯国之间进攻和防御的需求越来越大，城墙的防御逐渐发展完善起来。

燕、赵、秦三国分别在其北方修筑了用来防御东胡、匈奴、西戎等游牧民族南下或东进的长城。

秦始皇建立了中国历史上第一个中央集权的王朝，统一了中原地区和一部分游牧民族地区。当时北方匈奴聚居的广大地区尚未归属秦朝，匈奴对秦朝北境的威胁有增无减。为防御匈奴的侵扰，秦始皇北逐匈奴后，下令大规模地修筑长城。秦始皇时期所筑的长城，除北部阴山长城之外，基本是在战国秦、赵、燕三国长城的基础上进行增修扩建，将其连成一线。因其总长度超过5 000千米，自此中国长城有了"万里长城"这一称呼。

继秦朝之后，又一次大规模修筑长城的是汉朝。秦末汉初，强盛起来的匈奴趁中原纷乱之际再度南下。到汉武帝时，多次派重兵北击匈奴，并陆续修筑了一条东起辽东、西至新疆的长城。汉长城是历史上最长的一条长城，总长超过1万千米。

继汉之后修筑长城的是南北朝。在这一时期，相继统治中原北部区域的北魏、东魏、北齐和北周这几个鲜卑政权，因为受到北方突厥、柔然等游牧民族的威胁，也不断地修筑长城，构筑战略防御线。此外，东西两边的政权之间，也修筑了互防的长城。特别是北齐，修筑长城的规模相当大，次数也比较多。

北齐先后修建了三条长城。第一条是西起今内蒙古清水河县、中经张家口、东到山海关一带入海的长城。第二条是为防御北周修建了南起黄栌岭、北到五寨县的长城。第三条同样是为了防御北周，修建的北起五台山、南至娘子关的长城。北周统一北方后，为了防御突厥、契丹等草原民族，修缮加固了北齐西起雁门、东至碣石段的长城。

开皇九年（589），隋朝统一了中原。隋朝虽结束了南北朝的分裂局面，但仍未能解决北方游牧民族突厥、契丹、吐谷浑的扰掠，继续采取多次修筑长城的办法来遏制游牧民族的南下。

隋朝之后，突厥等游牧民族归中原王朝唐朝统辖，因此唐朝时没有大规模修长城，只是在原有长城区域设置了一些屯兵的城堡。到宋朝，雁门关长城一线一度成为宋、辽分疆而治的分界标志，但这个时间并不长。所以，宋朝仅在个别地方修缮并利用过隋长城，比如大量增建烽火台和屯兵堡等。辽、金势力南下后，长城地区为辽金所据，黄河、长江取代长城，成为南北政权对峙的重要防线。据史载，辽朝曾在黑龙江下游修过长城，但规模很小。

继隋朝之后，较大规模修筑长城的是金朝。金长城为古代少数民族女真族所建，主要是为防御蒙古族。金长城有两段，一段起于大兴安岭北麓，沿根河西行，穿呼伦贝尔草原，到达今蒙古国肯特省境内德尔盖尔汗山以北的沼泽地中。这是古代中国修筑于最北部的一段长城。金长城的另一段起自嫩江西岸，沿兴安岭西入漠北，至锡林郭勒盟，再向西南沿着阴山至黄河北岸。

蒙古族兴起之后，相继灭掉了金和南宋，建立了统一的元朝。元朝建立之后，因长城南北实现了统一，根本没有修建长城的必要了。这之后再次大规模修筑长城就是在明朝建立之后。明朝修筑长城，前期主要是为防御蒙古族，后期则主要是为了防御崛起的后金。

明长城是历史上规模最大、最坚固、最雄伟的长城。该长城不仅工程量大，在工程材料、修筑技术和防御配置方面都有很大的发展。明长城的遗迹，也是迄今保存得最完整的。清朝统一之后，长城仅成为实行满禁和蒙禁的管理设施，基本没有了军事防御的意义。

自春秋战国至清朝，长城从其产生至不断增筑、修复并在军事上大量利用，跨越了两千多年的漫长时段。这一时间跨度使历史悠久成为长城最突出的特点之一。长城的发展史可以分为四个阶段，分别为：萌芽期、发展期、成熟期、鼎盛期。

萌芽期：聚落环壕石城防御

安全是动物最基本的需要，人类从有聚落开始就构筑防御性工程，以保障群体的人身安全和生活稳定。新石器时期在聚落外围修建环壕和石城，是农业进一步发展后定居型农业聚落规模扩大的结果。环壕和石城这种保障定居型聚落安全的设施，随着农业的发展，规模和功能也越来越完善。

公元前7000年到公元前3000年是新石器时代中晚期，这一时期主要是以原始农业为主的综合经济，农业聚落得到了较大的发展。具有代表性的聚落是年代距今约6 000年至5 000年的内蒙古敖汉旗兴隆洼遗址以及距今约4 800年至4 300年的陕西西安半坡遗址。西安半坡新石器聚落遗址的发掘开启了聚落研究的先河，考古人员对陕西临潼姜寨遗址和内蒙古敖汉旗兴隆洼等遗址的完整发掘，使聚落形态的考古学研究进入新阶段，对聚落环壕等防御构筑有了更清楚的认识。

中国社会科学院考古研究所内蒙古工作队《内蒙古敖汉旗兴隆洼遗址发掘简报》介绍，内蒙古敖汉旗新石器兴隆洼聚落位于牤牛河岸边平坦的台地上，紧临河谷、视野开阔，极适宜古代人居住。除有兴隆洼文化遗存外，兴隆洼遗址还保存有距今五六千年的红山文化和距今4 000年左右的夏家店下层文化。聚落遗址周围有宽1.5～2米、深度1米左右的环壕，以160～180米为直径围绕着这个聚落，这是目前发现的中国大陆远古居民最早的一批防御设施之一。

进入新石器晚期，环壕的规模普遍有所增大，如陕西西安半坡遗址。半坡遗址的文化类型十分丰富，是黄河流域沿用时间较长、具有典型价值的新石器母系氏族聚落遗址。半坡遗址的居住区外围，环绕着一条大型防御性壕沟，平面呈南北向不规则圆形。壕沟现存长度约300米，形制为上宽下窄，北部一段沟口宽6～8米，深5～6米。在半坡遗址聚落之外，还有一些营地，供在外面从事狩猎活动的人临时居住。

这个时期聚落大量地产生和出现，并已经发展得较为完善。像半坡遗址一样，这些聚落不仅有房址、窑穴、墓葬、水井等基本要素，还有环绕在这些聚落群体之外的，保障这些聚落安全的环壕或石砌城墙。

这些有城墙或壕沟保卫安全的居住遗址大多建在平原或者低矮的丘冈、台地上。在种植农业得到较大发展的时期，人们从洞穴走出来之后，在平地、丘冈、台地上已经无法获得和原来在洞穴里同等的安全保障。他们开始在河流弯道的高岸，选一处古树参天、浓荫遍地的高台建造屋室、窑洞，在周围构建保障生产、生活居住安全的环壕。

在新石器早期，遭受侵扰和压迫的氏族为了防御其他氏族对本族人口的抢掠、土地的占领和财富的掠夺，往往采取自我保护的措施。这就是在聚落外围修建环壕和石城的真正原因，完全是人类早期保障安全的解决方案。新石器时代以来，原始农业逐渐发展。人们对自然环境的依赖依旧，对部落整体的依赖则更强了。

随着依靠女人采集劳动为主的原始农业，逐步向培植农作物的种植农业转变，男女的社会分工也出现了变化。男人的社会地位逐渐提高，在墓葬中开始出现夫妻合葬。较为常见的成年男女二人合葬，男者仰身直肢，女者则侧身屈肢，反映当时的婚姻已经是以男人为主的一夫一妻制。

男子居于社会统治地位，进入父系氏族公社阶段，生产力的发展和人口的增加，集体安全的需要也就越来越强，聚落外围的环壕和石城便发展起来。长城这种开放性的连绵墙体防御，应该是石城环壕聚落防御继续发展的结果。

夏商周的军事防御，主要是依靠城来实现的。陕西师范大学马正林在《中国城市历史地理》中谈道："中国古城出现得很早，但仍然是防御工程。""城就是用夯土筑成的高大墙体，展成一线称长城，围成一圈就是城。"

大禹用疏通的方法治水，完成巨大的治水工程。疏通也要筑堤坝，只是顺着水流的方向而筑以挡住洪水。这样的建筑被称为"防"，将堤坝横过来建在平地之上阻挡军队的进攻就是最初的长城。"防"这个字既是堤坝防水工程的防，也是长城防御工程的防。春秋时期齐国最早修建黄河边上的长城，也称为"防"。

萌芽期：西周时期城池防御

西周初年的青铜器何尊铭文中有"余其宅兹中国，自兹乂民"，这是青铜器铭文中首次出现"中国"一词。何尊铭文记录的是成王五年（前1038）四月，周王在成周营建都城后，于新都城举行的祭祀和赏赐臣民活动。都城的建设对非常重视礼制的西周来说是一件大事，城既代表周天子的地位，也是安全的保障。

长城是连绵开放的线性防御体系，城池则是一个封闭的有大有小的聚落防御体系。城池要远远早于长城，新石器时期的聚落石城和环壕是城池的前身。《吴越春秋》在讲建筑城防的目的时说："筑城以卫君，造郭以守民。"城郭之制是从西周至明清，历朝历代都在实行的一种建城制度。城指内城的墙，郭指外城的墙，以墙为界划分内城和外城，王公贵族住在内城，平民百姓住在外城。

远古时期国家没有准确的疆域四至，只有"国都"和"封地"两个概念实体。有了封地就是诸侯国，成为诸侯国就有国都。领受了封地的贵族，为各诸侯国之主。在自己的封地称王者所居住及行使权力的所在地，自然就是这个诸侯国的国都了。

城市的起源有三个标志：一是具有严密的防御性能，可以保证生活在城市中的人的基本安全；二是可以进行大规模的集市贸易，成为物资集散中心；三是集中生活在城中的人们有了更清晰的分工，手工业、商业成为有人专门从事的行业。

原始社会时期的聚落并不是城市，虽然有石城的存在，这些石城并不是城市。原始聚落初步具有城市的集中功能，在聚落里生活的人已经形成了初步的集中。相对集中的人口住在相对集中的建筑物中，从事相对集中的生产和生活。这些聚落的定居，为后来城市的产生奠定了基础。

促使城市产生最直接的原因是物资丰富了之后部落内部的社会成员有了阶层的分化，同时产生了反映社会等级的礼仪制度。城市成为一种定居的大型生活区，其标志是具有长期性的大型建筑，如大型宫殿、宗庙、祭祀建筑。城市还要有一定的手工生产场所和进行贸易交换的场所。

城市的规模较大，所以要有相应的道路体系和排水设施，也要有为居住在城市里的居民提供安全保障的城墙和壕沟。西周时期的城，才是真正的城市。这时城的功能，已经不仅是用于防御了，其作为政治中心的性质和功能已经远远大于军事防御的需求。同时，随着社会经济的发展，城也承担起了更大的经济中心的功能。

周的都城建在与诸侯的都邑大致等距离的地方，除了考虑城市生活的功能之外，也考虑了安全的需要。一旦发生战争，可以保证诸侯都邑的部队以最快的速度赶过来勤王。为了安全的需要，在这些城建设之初便以城中宫殿为中心、以城墙为主体、以城门为重点，构建起点、线、点面结合的防御体系。同时配置相应的军事力量和城防建筑一起，构成一个完整的城防体系。

周朝分封诸侯之后，获得分封的各个诸侯在自己的封地建立起统治和防御的中心，以中心城市为核心向外延伸，还建了一些具有战略性地位的城市。诸侯的都邑，随着周朝的都城一同发展起来。

周代的礼制很严格，在分封制施行之初就严格规定了各诸侯的建城规模。西周对王与诸侯所建城的大小有具体的规定：王城方九里，长五百四十雉，高九仞；公城方七里，长四百二十雉；侯、伯城方五里、长三百雉；子男城方二里，长一百八十雉。雉是古代计算城墙面积的单位，长三丈、高一丈为一雉；仞是古代长度单位，周制八尺为一仞。

周代屏藩王室的军事据点分散于各国各地，西周为加强与诸侯的联系，确保王都与各诸侯国都邑的交通畅通，建设了以王都为中心通向四面八方的以军用为主的国家一级道路，以便机动调运军队、传递军情。这样的道路称为"周道",或称"周行"。周道成为西周军事防御体系的组成部分。

周王室东迁洛邑以后到灭亡这段时间称为东周。东周的王城始建于东周初期,南邻洛河,西跨谷水(今涧河),平面呈不规则方形,总面积约10平方千米。中国科学院(后改属中国社会科学院)考古研究所洛阳发掘队《洛阳涧滨东周城址发掘报告》介绍,洛阳王城的夯土城墙今已基本无存,仅位于地势较高处的北面城墙和西南、西北、东北三个城角还能够找到遗址。经发掘,北墙长约3千米,从发掘的遗址可以清楚地看到,王城开始筑建的城墙仅厚5米左右,后经增修加厚至14米左右,城外有深5米的壕沟。

发展期：春秋战国诸侯国相互防御建长城

春秋以鲁国的史书《春秋》得名,上限是公元前770年。春秋是一个充满纷争的年代,顾炎武《日知录》说:"当春秋之世,灭人之国者,固已为县矣。"这是对春秋的高度概括。春秋的下限也是战国的开始,以公元前403年三家分晋为标志。春秋与战国两个时期,概括地说,前者是由统一走向分裂,后者则是由分裂走向统一。前者是旧的社会秩序乃至观念形态瓦解的时代,后者则是新的社会秩序和新的观念形态酝酿的时代。

春秋的第一大特点是复杂性与多样性。春秋是社会经济、政治、军事和文化,都发生重大转折的时期。在这段历史时间内,中原诸侯国相互影响，华夏的农耕民族与周边的游牧民族发生了比较大的融合。这两者使得这三百多年的历史具有十分明显的复杂性和多样性。春秋这种复杂多样性主要体现一种动态的变化，这种变化时慢时快，有时是渐变的，有时是颠覆性的。

春秋的第二大特点是过渡性。这种过渡性表现在各诸侯国发展阶段上的政策和利益诉求，即追求阶段利益的合理。实际上，这些诉求具有很大的局限性。因为这个时期还没有谁有追求更高的、大一统的目标。这种过渡性从春秋开始，到战国逐渐成熟，秦统一六国才最终实现了一个新的国家行政体制的建立。所以，在秦朝之前存在不同程度、不同政权的过渡性模式，有时在不同的诸侯国甚至一个诸侯国的不同时期都是不一样的。

春秋的复杂性和过渡性决定了这个时期的军事活动有别于其他时期。这一时期，过去"礼乐征伐自天子出"的制度遭到严重的破坏，很多征伐实际上都是由力量强大的诸侯国发起，这也就有了春秋五霸的产生。

春秋时各国采取的还都是兵农一体的作战形式。春、夏、秋三季以务农为主，冬天则以军事为主。但为了适应频繁的争霸与兼并战争，一些强大的诸侯国开始组建具有一定规模的常备军。有了常备军，才能满足战争规模不断扩大和作战方式不断发展的军事需要。

春秋时，军队的兵种构成有了很大的发展。从西周只有步、车两大兵种，发展成为步兵、车兵和舟兵三大兵种。而且，军队中车兵逐渐增多，逐渐改变了以前步兵占主要地位的兵种构成形式。衡量一个诸侯国实力的强弱主要是看拥有多少战车。春秋早期的战争很少超出黄河流域干燥少雨的华中大平原，打仗也多以战车会战来决定胜负。随着战争规模和战场的复杂化，战车受环境制约的弱点逐渐暴露出来。

每辆笨重的战车上有三名甲士，御夫、持弓手、操戈手各一名，组成一个战斗小组。战车在战场上如同后来的坦克一样横冲直撞，可是面对高高的城墙，战车就发挥不了作用了。车上的甲士沦为守城者弓箭射杀的靶子。长城克制了战车强大的机动能力，减弱了进攻方的战斗力，也延缓了进攻的时间。

楚长城与齐长城是春秋时期早期长城的代表。南阳盆地的楚长城是较早修筑的长城之一。楚长城多位于今河南境内，总长500多千米。楚长城在文献中被称为"楚方城"。

虽然在春秋时楚国已经发展到一个较高的水平，但相对中原诸国来说楚国还是被视为蛮夷。齐桓公称霸三十多年，其"尊王攘夷"的战略就是"尊勤君王，攘斥外夷"。一方面阻止了北方戎狄势力对燕国等诸侯国的掠扰，另一方面抑制南方楚国的北进。为此，齐桓公多次召集诸国会盟，以便在北控戎狄、南抑楚国的行动中形成统一战线。齐国称霸时，楚国没有办法向北寻求较大的发展，选择修筑长城来防御齐国。

南阳盆地居关中、汉中与江汉平原之间，是连接这三个大平原的通道。从四面都可以进入南阳盆地，从南阳盆地也可以向四面出击。

楚国以南阳盆地为中心，向西沿汉水上溯可以进入汉中；向西北通过武关可进入关中；由襄阳下汉水可进入两湖地区；由淅川河谷上溯可进入伊洛河谷；由其东面山地可出盆地，进入中原腹地。楚国据有南阳盆地，也要面对来自各方的军事压力。

楚国在占领了南阳盆地后，发现这些丘陵之间有过多可以通行的道路，便在有利于防守的地方修筑长城阻挡起来。由此南阳盆地与中原之间的通道，有了军事防御便安全了。其他的诸侯国看到连绵的防线很有效，也就逐渐地效法楚国，在边地附近依托地形修筑起了长城。长城发展的初期有的长一点有的短一点，有的高一点有的矮一点，但性质都是一样的。

楚长城的产生，说明楚国和中原之间的联系已经很密切了。正因为南阳盆地与中原的地缘关系，已经日趋紧密才需要构建军事防线。春秋时楚国占据南阳盆地，修建长城，与齐、晋等国形成了长达数百年的南北对峙。在东西之争时，南阳盆地又是关中与东部地区的必争之地，由南阳盆地攻入武关是一条较为容易的进攻路线。楚国占据南阳盆地之后，就是沿着这条路攻入关中。无论是进入关中，还是自关中向东发展，南阳盆地都是进可攻、退可守的战略要地。

另一个较早建长城的诸侯国是春秋时期的齐国。人们一般用齐鲁大地来称呼山东。齐长城就修建在齐国和鲁国交界的地带。

春秋战国时期，产生了第一次文化大繁荣。后来史家称这个时期为"百家争鸣"。这次空前文化盛况的中心就在齐鲁两个大国，这个区域在那个时候已经有了高度发展的经济和文化。齐都临淄繁华昌盛，鲁都曲阜更是孔孟之乡。儒家文化在中国的影响是巨大的，有作为的皇帝最大梦想是到泰山封禅。泰山和青岛都有齐长城，齐长城一直修建到青岛的黄海海岸。

关于齐长城修建的记载，首见于《管子·轻重》："长城之阳，鲁也。长城之阴，齐也。"《竹书纪年》记载了晋烈公十二年（前404），晋国韩景子等攻打齐国，进入长城的事。这一年在齐国是康公元年，齐长城至迟在公元前5世纪就已经有了。

这一点也得到出土青铜器骉羌钟铭文的证明。在清华简被发现之前，这是已知金石铭文上首次出现"长城"一词。骉羌钟铭文记述周威烈王二十二年（前404），一个名叫骉羌的韩国将领，在一次伐齐的战争中，首先攻入齐国的长城。在这场战争中，骉羌作战勇猛，因而受到韩君、晋公和周天子的奖赏，特此铸器作为纪念。

齐国到底何时筑起长城巨防，学界一直众说纷纭。根据学者们的分析推断，齐国修筑巨防的时间，很可能是在公元前555年。据史料记载，春秋战国齐国最早修建的长城被称为"防"，为军事防御提供另一种构建安全秩序的选项。齐国在"堑防门"的基础上，逐渐完备西南防御工事，形成巨防。齐国早期修筑长城的目的是为了防晋、卫、鲁等诸侯国。楚国灭鲁后，齐国的长城便增加了直接防楚的重任。

齐威王时（前356～前320在位），齐国又一次大规模地修建长城。齐国最后一次修筑长城是齐宣王时（前319～前301在位）。关于这道长城，史书记载比较多，并且也较一致，主要防御来自南边的楚国。

今天从济南市区出发沿220国道一直向南，到长清区孝里街道广里村的时候，远远可以看到220国道的东侧有一座大型雕塑，那里有用齐国货币刀币组成的一个繁体的"齐"字。高大的雕塑是齐长城起点的标志，雕塑之下220国道的西侧就是齐长城的源头。

齐长城在长清区广里村东北约500米处，长城遗址旁边竖立了一通石碑，上刻着"全国重点文物保护单位——齐长城遗址（长清段）"。石碑后面就是齐长城西端起点的夯土墙，地表可见长城遗迹628米。经考古发掘得知，齐长城源头残存墙体的底部宽度在23～29米，高度在2～4米，板筑夯层在20厘米左右。

长城这种大型军事工程之所以会在这个时期出现，主要还是铁器的使用和先进农业技术促进了粮食生产，从而解放了大量的劳动力。各诸侯国利用农民的农闲季节施工还可以获得一些额外的收益。还有个原因就是中国文明具备了组织大型工程建设的能力。

战国后期秦国和其他六国相互发动攻击时，都想将优势兵力挺进到对方所在的区域部署作战，以求给予对方最沉重的打击。防御的一方为了确保自己的安全，都把军队部署在中间地带，最大可能地利用复杂的地形阻挡和迟滞敌方的进攻。为此，他们在相互攻防中修建了长城，楚长城、魏长城、赵国的南长城等都属于这样的长城。

这个时期的长城，除了诸侯国相互防御的长城，战国秦、赵、燕还修建了防御游牧势力的长城。坚固的防御体系对游牧军队的防御，体现出了较大的主动性和很大的价值。秦、赵、燕在占据了军事优势的情况下修筑长城，加上一定数量的驻军，有效防止游牧民族骑兵闪电式的袭击，是一种扬长避短的行为。陈可畏在《论战国时期秦、赵、燕北部长城》中说："没有长城，即使有大量的步兵和骑兵，仍然是防御不了的。战国时代的历史事实证明了这一点。"

从东向西说，燕、赵、秦三个修建长城防御游牧势力的诸侯国，赵长城修建得最早，然后是秦国，再往后是燕国。游牧部落第一次看到高大的城墙横亘在眼前，一定会感受到很大的震慑。

长城挡住了牧民南下牧马，也使抢掠者望而却步。长城区域是特别广阔的区域，任何朝代都没有足够强大的军事力量，可以仅凭借军队的驻守来保证这个广大区域的正常生产和生活。即便农耕政权为了长城区域的利益，愿意花费巨额军费甚至倾其所有来支持庞大的军队，征用大量青壮劳动力来从事军事活动，事实上也做不到。

在这种情况下，长城应运而生。农耕政权借修建起的长城，达成加强对农耕地区进行有效保卫、减少常驻军队和缩减军队经费的目的。通过长城提高农牧交错地区的防御能力，有效地解决了养兵太多养不起，养兵太少又起不到其应有的防御作用的问题。

尽管修筑长城和派军驻守长城防线需要的经费不少，但与不修长城、仅派军队相比，以达到相同的防御效果论，修长城所需付出的代价相对小很多。

成熟期：长度超过万里

秦汉时期的长城是长城发展史中的成熟阶段。秦始皇建立了中国历史上第一个中央集权的王朝，统一了中原地区和部分游牧地区。秦始皇北逐匈奴后，占据了原属于匈奴的草原地区，并下令大规模地修筑长城以保护已经获得的这些土地。秦始皇统治期间所筑的长城，除北部阴山长城之外，大多是在战国秦、赵、燕三国长城的基础上进行增修扩建，将其连成一线。因其长度超过万里，自此中国长城有了"万里长城"这一称呼。

继秦朝之后，又一次大规模修筑长城的是汉朝。秦末汉初，匈奴趁中原纷乱之际再度强盛起来。到汉武帝时，多次派重兵北击匈奴，并陆续修筑了一条东起辽东、西至西域的长城。汉长城是历史上单一朝代修筑的长城中最长的一条。

秦汉时期是中国秦汉两朝大一统时期的合称。公元前221年秦灭六国之后，第一次完成了真正意义上的中国统一，建立起中国历史上第一个中央集权制的帝国。秦始皇废封建，立郡县，开始实行全面的统一。秦始皇长城就是在这样的背景下修建起来。秦朝的历史虽然很辉煌，却二世而亡。经过短暂的分裂之后，汉朝再次统一全国，并基本延续秦的制度，史称"汉承秦制"。秦汉时期是中国历史上第一个大统一时期，也是中国多民族国家的奠基时期。所以，秦汉长城在中国历史发展过程中，具有特殊的意义。

根据历史文献记载，修建长城超过万里的农耕经济为主的朝代有三个：秦朝、汉朝和明朝。其中，秦始皇时修筑的西起临洮、东至辽东的万里长城，汉朝修筑的从西域至辽东的万里长城，都主要为了防御游牧的匈奴。

汉民族在秦汉时期早已具备了共同的语言文字，其经济生活和文化心理趋同，逐渐形成了统一的地域文化。秦汉之际农耕民族在共同抵御游牧民族的过程中发展起来，把秦汉长城放在民族学上考察，可以说是汉民族形成的标志。

秦汉长城作为农耕与游牧两种经济类型和文化分界线的同时，也是当时这两种经济和文化的交汇线。秦汉长城脚下的关市，诚如西汉贾谊在《新书·匈奴·事势》所说"夫关市者，固匈奴所犯滑而深求也，愿上遣使厚与之和，以不得已许之大市……则胡人著于长城下矣"，《史记·匈奴列传》则记载关市使"匈奴自单于以下皆亲汉，往来长城下"。

秦始皇和汉武帝都是在自己的力量发展到很强大，与长城外边的民族爆发全面战争的可能性很低的时候才修建长城。这时候，社会进入全面战争状态的可能性大幅度降低，但局部战争的数量和发生的概率并没有降低，一些局部的战争和冲突甚至可能引起更大的冲突。通过长城的修建，限制局部战争的发生和发展，成为当时政权的重要选择。

鼎盛期：防御体系与结构最完善

明朝是长城历史发展的鼎盛时期。朱元璋建立大明帝国之后，占领元大都后改大都为北平，寓意"北方太平"。今天讲长城内外是一家，在朱元璋的眼里并不是这样的。他即位诏书的第一句话，开宗明义："朕惟中国之君，自宋运既终，天命真人于沙漠，入中国为天下主，传及子孙，百有余年，今运亦终。"

明长城早期和中期防御对象是蒙古诸部，陆续将长城防御体系设为九镇（亦称九边），后来又有一些分设。明中叶以后，女真崛起于白山黑水之间，开始不断威胁明朝边地的安全，长城再次担当起军事防御的重任。这个时期明长城的防御重心东移，重点是蓟镇和辽东镇长城的重建和改造工程。

随着辽东失守，明朝几乎将国家全部力量倾注到山海关以外，在山海关外构成一道城堡相连、烽火相望、点线面结合、有纵深以屏蔽京师为重点的坚固防线。最后，明朝的腐败加剧、民族矛盾激化，长城最终失去了其军事防御作用。

明朝是中国历史上修建长城较长，利用长城时间最长的朝代。明长城也是长城史上工程最大，防御体系和建筑结构最完善的建筑工程。吸取了此前历代修筑长城的经验，充分体现了工程建筑的成就。

中国古代多将中原各地与东北、华北、西北等地，与游牧民族相交错的地域称为边地，并在此处修筑长城。因此，明朝将长城称

明代长城砖窑遗址（作者 摄）

为边墙，并将长城防御体系中的九镇称为九边。

清朝没有大规模地修建长城，但很长的时间都在利用明朝的长城实行满禁和蒙禁。长城已经不是军事防御的手段，而是对经济贸易等进行管理的工具。只有青海的长城依然同明代一样，用于防御蒙古等有关部族。清末社会动荡，农民起义风起云涌之际，清或利用明长城或新修建一些长城，对农民军进行堵截。在山东还重新修缮了齐长城，堵截捻军。

清朝时期，继续以长城分隔内外，对满汉事务和蒙汉事务都制定了严格的规定。如关内"民人"不许越过"柳条边"，不许进入东北满族发祥地和朝廷分封给蒙古王公的牧场垦荒种地；满族、汉族和蒙古族、汉族之间男女禁止通婚；禁止满族、蒙古族人学习、使用汉文或用汉文取名等。清朝这样做的目的，是为了保持满族、蒙古族的文化和习俗，以巩固大清王朝的统治地位。

第二节　长城精神

目前对长城精神的解读，主要内容包括三个方面：第一个方面是团结统一、众志成城的爱国精神。中国是统一的多民族国家，"统一""多民族"这两个词是中国的国家概念中不可或缺的核心词。早在公元前221年，中国就确立了国家统一的基本格局。两千多年来的历史进程中，我们也有政权分立的时候，但国家统一的基本格局依然存在。一旦分立的政权有能力追求统一了，一定会以实现统一为内在动力和主要发展目标，这一点两千多年来都没有改变。

实现中华民族伟大复兴，没有中华民族的大团结不行，保卫不了国家的统一更不行。中华民族的团结和国家的统一是实现伟大中国梦的前提和保证。中华民族五千年的发展史，也就是各民族共同推动国家统一，维系国家统一的发展史。作为爱国精神的团结统一，在长城区域尤为重要。

第二个方面是坚韧不屈、自强不息的民族精神。坚韧不屈是勇于面对任何困难，不怕输更不服输的精神。自强不息的精神是艰苦奋斗的精神，也是踏实肯干的精神。坚韧不屈、自强不息是中国的民族精神，也是中国人实现中华民族的伟大复兴的精神支撑。

中国神话中有很多反映坚韧不屈精神的故事，这些故事让不了解中国文化的人很诧异，他们觉得这些故事很不可思议。这些神话里表现的文化价值和精神都是坚韧不屈，和长城文化所表达的坚韧不屈精神是一致的。

第三个方面是守望和平、开放包容的时代精神。我们说长城代表了中华民族热爱和平的美德，代表了中华文明的精神。中国文化追求"各美其美、美人之美、美美与共"，世界上优秀的民族都拥有自己的美德，不同民族的美德是相通的。长城所代表的中华民族精神有自己的独特性，也包含着人类文明所共有的属性，从这个意义上来讲，长城文化和精神是具有人类文明普遍性的，所以我们说长城也是人类文明的代表和标志。

中国古代为什么要持续两千多年修建长城？就是为了守望和平，为了不打仗。唯有实在不想打仗的民族，才会投入这么大的人力物力去修建长城，而这种不想打仗的愿望，不是今年不想打、明年就开战的权宜之计，而是在世世代代都不想打仗的愿望支撑下，才会把长城修建得如此坚固。

长城是守望和平的文化坐标。从古代到今天，中国人的文化追求都是不想打仗。中华文明不崇尚武力，讲"和平""和为贵"，奉行与人为善、与邻为伴的行为准则。不但讲"和为贵"，还强调"和而不同"，这样的思想境界反映了中国文化的本质特征。

主张合则两利，斗则俱伤。尽量努力不让使用武力发展到近乎狂热的程度，始终是中华民族的一种文化追求。深入挖掘长城与中华文明的和平价值，对在世界范围内构建"和而不同"多元共存的全球文明秩序具有理论价值。

杜甫诗句"安得壮士挽天河，净洗甲兵长不用"，很好地诠释了追求和平的理念。现实比理想虽然残酷得多，中国人对和平的追求却从来未曾泯灭。在中华传统文化中，对于战争进行有效的控制，也是长城防御体系产生的文化基础。正是在这种文化背景下，古代王朝政权才会不断地修建长城。对战争尽量采取遏制的态度才是长城文化，即便对于战争，中华文化也是讲求以文武并用的手段来解决问题。

类似"不战而胜"的想法，始终是兵家的最高追求。从春秋战国长城产生之时起，便在顺应战争形势的同时注入了和平的思想理念。尤其是墨子以其卓越的军事智慧，将守和御两者有机结合。在其筑城理念中加入了国备思想，这对长城的修筑产生了重大而深远的影响。

生于忧患，死于安乐。守望和平首先要有备无患，历代长城的修建过程都在强调和平与国备的思想。成书于战国初期的《司马法》说："国虽大，好战必亡；天下虽安，忘战必危。"这就是以辩证法阐述的有备无患之核心，长城的和平精神也是一种超越敌对关系的精神。

长城代表了爱国精神。清朝末年，中国因闭关锁国而落后于西方国家。在人家船坚炮利的进攻之下，紧闭的大门被打开了。1937年，"抗战"全面爆发之际，上海华艺影片公司筹拍救亡电影《关山万里》，编剧潘子农作词、刘雪庵作曲的主题歌《长城谣》，由周小燕首唱，传遍中国。《长城谣》的上半首唱出了中国人的悲痛："万里长城万里长，长城外面是故乡。高粱肥，大豆香，遍地黄金少灾殃。自从大难平地起，奸淫掳掠苦难当。苦难当，奔他方，骨肉离散父母丧。"

《长城谣》的下半首则唱出了中国人的反抗意志："没齿难忘仇和恨，日夜只想回故乡。大家拼命打回去，哪怕倭奴逞豪强。万里长城万里长，长城外面是故乡。四万万同胞心一样，新的长城万里长。"这首歌的谱曲刚初步完成，"八一三"淞沪战争爆发。电影《关山万里》虽未能如期拍摄，电影主题歌《长城谣》却在长城内外传唱开来。

《义勇军进行曲》中也有："起来，不愿做奴隶的人们，把我们的血肉，筑成我们新的长城！"千百年来，长城作为一个标志、一种语境，成为保家卫国意识觉醒的代表。长城厚重的文化底蕴，在反抗外来侵略和建设国家的过程中就自然而然地成为爱国的精神标志。

长城是军事、国防的象征与标志。在古代有很多将军队或对国家有贡献的人，比喻成为万里长城的做法。从目前的文献记载来看，最早出现"万里长城"一词是南北朝时期，而且是将"万里长城"比喻成军队。一千五百多年前南朝的名将檀道济率领北伐军队正要大展宏图收复北方之际，却被皇帝收了兵权。昏庸的皇帝听信谗言，担心檀道济军权过大会谋反，命令其迅速撤兵。面对这样的情况，檀道济毫无办法，他痛心疾首地谴责陷害的行径为"乃复坏汝万里长城"。明代长城的象征意义使用得更为广泛。《明太祖实录》记载，开国大将徐达曾被朱元璋誉为"万里长城"。徐达一生骁勇有谋，作战功勋和筑边功绩显赫，"万里长城"之誉当之无愧。

第三节　长城，人类文明的标志

人类从远古到今天，乃至到可以预见的未来，始终面临着三个问题：

首要的问题是生存。不仅是一个民族一个国家，生存都至关重要。试想一下全人类都灭绝了的时候，人类文明还有意义吗？肯定是没有意义了。长城作为冷兵器时期的军事防御工程，首要解决的问题也就是生存问题。

农耕与游牧在长城地区是矛盾和互补的关系，这是两种完全不同的经济类型所决定的。农耕经济是春种秋收，这期间农民不能离开这片土地。需要浇水、施肥、除草，等到秋天才有收获。游牧经济依水草而居，哪里水草丰美，牧民就在哪里放牧。春夏秋冬都在不同的牧场，当然无法种地。大多数的草原地区，降水量不够，无霜期也太短，土地瘠薄，也支撑不了农作物的生长。

没有灌溉的条件，难以发展农业。过去缺少水果蔬菜，牧民需要的各种微量元素，要靠茶叶来补充。草原的人喝奶茶，在奶里放茶，不仅是生活习惯，更是身体的需要，这是补充人体微量元素的一个手段。同时，牧民大量食用动物蛋白和脂肪，也需要通过茶叶来帮助消化。

获取这些草原地区需要却没有的物资只有两个途径，一个是通过贸易，另一个是通过抢掠。对游牧骑兵来说抢掠当然是成本最低的。毫无理性的抢掠蔓延成为一种常态的话，能随便抢谁还会赶着牛羊来交换农产品。坚固的长城加大了抢掠的成本，解决了一般性的抢掠问题。

第二个问题是秩序。人类从远古到今天，秩序的构建都是重要的事情。现在的交通规则、法律都是在构建秩序。没有秩序行不行？谁都知道肯定不行，因为没有了秩序一切就都乱套了！有构建秩序的规定，也会有破坏秩序的事情发生。

构建秩序是长城的一个非常重要的作用。农耕与游牧这两种不同的经济类型，以此为生产生活手段形成的民族，在这样的基础上建立起来的农耕与游牧政权，都需要秩序的构建，需要制约和保障。

第三个问题是发展。传承是发展的基础，发展是永恒的主题。中华文明为什么能传承和发展到今天，靠的是什么？作为一个追求统一的国家，即便是分裂的时候也是在追求统一的路上，这个观点很多西方人无法理解。中国是一个多民族的国家，统一是中国几千年发展史走出来的一个命脉和理念。

长城在民族融合发展过程中的纽带作用，对文明的发展提供了中国智慧。和平崛起是当代中国人必须主动承担起来的责任。长城始终与人类面临的三大问题高度契合，所以我说长城是人类文明的标志。

第四节　如何理解长城的封闭性

长城是中华祖先创造的奇迹。曾有人把长城视为落后、封闭的象征。长城虽然是要把内外隔离开，但只具有封闭性吗？如果说只有封闭的功能，为什么还要再修建成千上万的关口？无论是山海关、居庸关、喜峰口，还是张家口、雁门关、嘉峪关，这些关口都是沟通长城内外、联系两边，起到交流作用的通道。这一点在长城互市与民族融合方面表现得尤为突出。长城是具有封闭性，也应看到这种联系性。

封闭是手段而不是目的，封闭的目的是安全。这一点就如同高速公路的封闭是一样的。通过一定的封闭手段，是为了构建长城内外秩序，以求解决安全问题。不想打仗是一个和平的愿望，同时也符合长城内外的共同利益。在古代社会，长城内外就是命运的共同体。

中华民族修建长城是居安思危，避免战争就是避免一场又一场巨大的人道主义灾难。人类自古最美好的愿望就是安居乐业，过安全稳定的幸福生活。为了实现这个希望和追求，做出不懈的努力，文明就是在这个过程中创造出来的。所以，我们说长城是中华民族融合的纽带。

后记　长城保护

长城保护工作的形势非常严峻，穿行在山岭间的砖石长城历经千百年风雨，坍塌状况越来越严重。特别是西部地区，占整个长城70%以上的夯土长城大多处于自然条件恶劣的偏远山区，常年受风沙侵袭及雨水冲刷，墙体断断续续，断处长的达到几十千米，短的也有几十米，很多地方如果没有专家指点，已经看不出长城的痕迹。

长城大部分建在山间或大漠之中，经过千百年的风吹日晒和雨水侵蚀，许多土墙已经坍塌消失。保护长城，不仅是保护长城的墙体、关隘、烽燧，还要保护好长城古村落。明代戍守长城的关城堡寨，都演变成了今日的村庄，这些很有特色的古村落里住着的村民，很多人就是修建长城和戍守长城军人的后裔。

保存现状

今天看到保存较好的主要是明代长城，国家文物局2009年4月公布了明长城墙体的总长度为8 851.8千米。其中6 259.6千米的人工墙体，目前保存较好的不足10％，保存一般的约为20％，保存较差的约40％，保存差的、已经消失的接近30％。按照《长城资源保存程度评价标准》，其中保存一般的1 104.4千米、保存较差的1 494.7千米、保存差的1 185.4千米，已消失的1 961.6千米。

大多数人印象中的长城雄伟壮观如同八达岭、居庸关、山海关、慕田峪等，实际上这样保存得好又维修过的长城，不到全国长城遗存的2％，其余的长城，特别是黄土夯筑的长城墙体保护状况堪忧。由于风雨对夯土外表冲刷，墙体表层剥落的现象普遍存在。夯土墙体外层剥落后，里层变为外层，会继续开裂剥落。日久天长，墙体会碎成较大块状倒塌，即便没有倒塌的夯土墙体也是裂缝越来越多，墙体塌陷的危险越来越大。

修缮理念及原则

2016年9月一则"最美野长城被抹成水泥地"的消息在网络引发热议。我第一时间表态："看到辽宁绥中的小河口长城被修得'面目全非'，我很心痛。其实，这段修缮工程在2014年就已经完工，但长城该如何修缮，至今仍没有统一标准。"网友质疑这样的长城

很多地方的长城建筑都处于濒危状态，亟待修缮（作者 摄）

修缮，形容其"长城铺成水泥路"。辽宁省文物局局长公开回应：这个修缮工程，项目经过国家文物局批复，包括方案的设计、工程监理、竣工验收，每一步都"合理合法"，工艺也没有问题。为什么各项修缮手续都齐全，程序上没有任何问题，可是最终结果却是把长城给破坏了呢？出现小河口长城的这种现象，最主要的还是国

如果不加以保护，过不了多久，这些黄土墙遗址就会消亡了（作者 摄）

家缺少长城修缮、施工的规范标准。

之前人们主张把长城都修得很完整，之所以这样，主要是站在长城是古建筑的立场上采取的措施。长城是古建筑吗？肯定是古建筑，但长城仅是古建筑吗？肯定不是的。长城绝大部分地方是遗址，遗址的保护就是保护其现存的遗址，而不是将其完全复建。

长城修缮应该坚持三个原则：最大限度地保护长城的本体存量、最大限度地保留长城承载的历史信息、最大限度地提高长城保护工程的施工质量，这三个原则是必须遵守、不容违背的。为什么要最大限度地保护长城的本体存量？因为保护文化遗产保护的就是文物本体的原真性；为什么最大限度地保留长城承载的历史信息，因为文化遗产的价值就体现在其承载的历史信息；为什么要最大限度地提高长城保护工程的施工质量？因为没有质量的保证，无法实现长城保护的目的。

长城的整体化保护

长城保护也要注意保护周边的生态环境。中原对长城区域的开发始于战国时期，较大规模发展于秦汉时期。此后发展虽时强时弱，基本没有中断过。秦汉以来的屯垦，使当地生态发生了较大变化。战争也很容易使土地环境遭受破坏，如戍守长城的一方，通过砍树烧荒等活动破坏敌方的生态环境，以此来巩固长城区域的防御，这使得长城区域的环境破坏严重，甚至土地出现荒漠化。

近几年一些地方建风电机组，风机直接建在长城保护范围以内。个别的地方风机基础甚至直接选址在长城遗址之上，这样对长城的环境和长城的遗址都构成了破坏。首先，修建风电机组需尽量远离长城遗存分布范围，加大拟建风机组的间距；其次，进一步细化工程实施过程中对长城文物本体及周边生态环境的保护措施，确保文物本体安全；最后，还要补充施工后期相关区域环境的修复措施，避免因施工对长城周边生态环境、景观风貌造成负面影响。

长城保护不仅要保护长城墙体，还要保护好作为长城防御体系的城，也包括长城沿线的城堡。中国现在已经有国家级的历史文化名城130多处，山海关、宣化、大同、榆林等古城都与长城有关。除城市之外，乡村的遗产，比如古村落也成了保护的对象，长城沿线很多过去屯兵的城堡都已经形成了古村落。这样村子已经是比较稀缺的资源，再不抓紧保护就都拆没了。长城古城堡，留下了戍边将士的生活方式，没有了这些古城堡，长城防御体系就只是一道孤零零的墙了。

总之，从全国的长城保护状况来看，长城保护工作的任务十分艰巨。由于长城体量的长，长城的保护只靠文物部门是不够的。要更广泛地动员社会力量参与才行，这方面的工作现在做得还远远不够。长城保护工作真的是任重道远，需要一代一代人不断地做出努力。

不同时代不同地貌的长城

戈壁上的新疆克孜尔尕哈汉唐烽燧
董旭明 摄

东北平原辽宁战国燕长城
董旭明 摄

内蒙古高原金长城
杨东 摄

黄土高原山西明长城
杨东 摄

河套平原宁夏隋长城
董旭明 摄

内蒙古高原巴彦淖尔秦汉长城
董旭明 摄

河西走廊甘肃明嘉峪关
董旭明 摄

华北平原河北明山海关
杨东 摄

中国地图

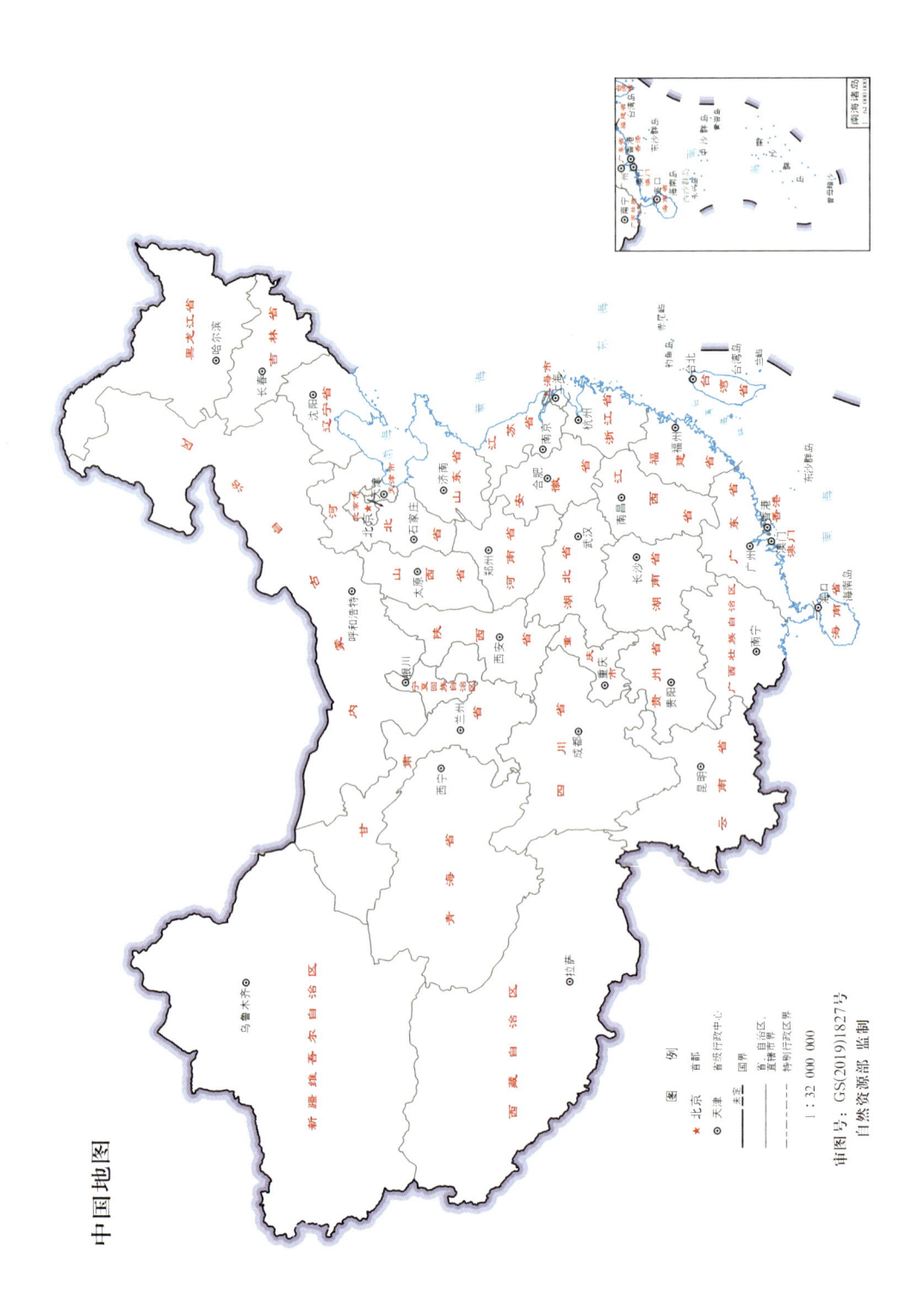